Joachim Welz

Erfolgsstory oder Trauma – die Übernahme von Armeen.
Lehren aus der Übernahme des österreichischen Bundesheeres in die
Wehrmacht 1938 und der Reste der NVA in die Bundewehr 1990

Erfolgsstory oder Trauma –

die Übernahme von Armeen

Lehren aus der Übernahme des österreichischen Bundesheeres in die Wehrmacht 1938 und der Reste der NVA in die Bundewehr 1990

Joachim Welz

2018

Carola Hartmann Miles-Verlag

CIP-Kurztitelaufnahme der Deutschen Nationalbibliothek
Joachim Welz. Erfolgsstory oder Trauma – die Übernahme von Armeen. Lehren aus der Übernahme des österreichischen Bundesheeres in die Wehrmacht 1938 und der Reste der NVA in die Bundewehr 1990

© Carola Hartmann Miles-Verlag,
George-Caylay-Str. 38, 14089 Berlin
email: miles-verlag@t-online.de
www.miles-verlag.jimdo.com

Herstellung: Books on Demand, Norderstedt

Printed in Germany

ISBN 978-3-945861-69-1

Inhaltsverzeichnis

1. Historisch-strukturelle Einordnung

Untergänge, Eroberungen, Zusammenschlüsse und Übernahmen von Staaten sind in der Geschichte gar nicht so selten. Dies führt zwangsläufig auf vielen Gebieten staatlicher Organisation und staatlichen Handelns zu großen Veränderungen, z.B. Währung, Wirtschaft und Verkehr (rechts oder links?), Bildungswesen (Schulen und Wissenschaft), Verwaltung und öffentlicher Dienst, Rechts- und Justizorganisation, um nur die wichtigsten zu nennen, die in beiden Beispielen, Österreich 1938 und DDR 1990 alle eine Erinnerung und eine vertiefte Untersuchung wert wären.

Da das Militär eines Staates nicht nur sein Machtpotential, sondern auch Symbol seiner Souveränität darstellt, ist ein besonders gewichtiges Problem bei der Übernahme eines Staates die Frage: Was geschieht mit seiner Armee? Eine ähnlich kritische Situation besteht für die Armee auch, wenn ihr Staat zwar erhalten bleibt, aber ein Systemwechsel stattfindet, so z.B. die Französische Revolution 1789, die Russische Revolution von 1917, die Umwälzungen in Deutschland 1945 oder als neuestes Beispiel der Irak 2003.

In beiden Konstellationen reicht das theoretische wie tatsächliche Spektrum von der totalen Abwicklung, wenn man die Armee des alten Systems oder ihre Angehörigen noch für Gegner oder eine Bedrohung hält, bis zur vollständigen Übernahme, wenn sie als grundsätzlich befreundet gesehen wird und das eigene Potential gestärkt werden soll.

Besonders spannend wird es natürlich dann, wenn Übernahme eines Staates und Systemwechsel zusammenfallen. Dies erfolgte im 20. Jahrhundert allein im deutschen Raum zweimal, nämlich 1938 beim „Anschluss" Österreichs mit der Übernahme des Bundesheeres und erneut beim Beitritt der DDR zur Bundesrepublik Deutschland mit der „Abwicklung" der NVA 1990, also (nur?) 52 Jahre später.

Der „Anschluss" Österreichs an Nazi-Deutschland jährt sich im März 2018 zum 80. Mal. Jeder „runde" Jahrestag ist natürlich wieder ein Anlass, an die historischen Ereignisse und Zusammenhänge zu erinnern.

Auf den ersten Blick scheint es zwischen beiden Ereignissen – die Übernahme des Bundesheeres in die Wehrmacht und die Übernahme der Reste der NVA in die Bundeswehr - gewaltige Unterschiede zu geben:

Der „Griff nach Österreich" war das erste Überschreiten der Grenzen der Nazi-Regierung, sowohl im buchstäblichen als auch im übertragenen Sinne. Er war symptomatisch für die aggressive, den Krieg in Kauf nehmende Politik als immanentes Element der Nazi-Ideologie, insbesondere den „Lebensraum"-Wahn.

Demgegenüber war das Ende der DDR ein vom Volk veranlasster Vorgang, dessen Repräsentanten schließlich in einem freien parlamentarischen Prozess die Auflösung der DDR und den Beitritt ihres Staates zur Bundesrepublik Deutschland beschlossen haben.

Neben dieser historisch-politischen Erinnerung enthalten beide Ereignisse in ihrer Durchführung und Umsetzung aber auch eine militärisch-administrative Komponente, gleichsam einen „wertfreien" und „handwerklichen" Kern: Dieser ist naturgemäß ein ergiebiger „Steinbruch" für Fehleranalysen und Lehren für die Übernahme von Staaten und staatlichen Institutionen, insbesondere von Armeen. Dessen Auswertung, die Frage, was sind die strukturellen Probleme bei der Übernahme einer Armee? und was kann/muss hieraus für historische „Parallelfälle" gelernt werden? ist der Grundgedanke der nachfolgenden Überlegungen, für die sich der „runde" Jahrestag des österreichischen „Anschlusses" anbietet.

Stand der Forschung/Literatur

Obwohl wegen der zahlreichen Parallelen und strukturellen Übereinstimmungen einem Vergleich viele Erkenntnisse, Schlüsse und Handlungsanweisungen zu entnehmen wären, existiert bisher keine Untersuchung beider Übernahmen. In der Tat durfte politisch und psychologisch natürlich nicht der Eindruck entstehen, der Anschluss Österreichs sei irgendwie vorbildlich für den Beitritt der DDR, was natürlich auch etwaige Überlegungen nur zum militärisch-handwerklichen Kern sehr problematisch gemacht hätte.

Zu den beiden Einzelvorgängen ist die Literatur dagegen fast unübersehbar:

Zur Übernahme des Bundesheeres

Auch wenn die meisten Primärquellen insbesondere in österreichischen Archiven (Akten, Protokolle, Gesetz- und Verordnungsblätter,…) erhalten und seit langem ausgewertet sind, gibt es in der Literatur doch eine große Bandbreite unterschiedlicher Bewertungen. In den Jahren nach dem „Anschluss" erschienen nur Jubelpublikationen ohne wissenschaftlichen Wert - hier stellvertretend verwertet Grimm, „Hitlers Deutsche Sendung" - und es war natürlich keine kritische Bewertung möglich. Danach hatte die österreichische Öffentlichkeit und Geschichtsschreibung infolge „Anschluss", Krieg, Niederlage, Besatzung, fehlender Souveränität und Wehrhoheit andere Schwerpunkte als speziell das Thema „Übernahme des Bundesheeres". Dieses wird natürlich als Teilaspekt behandelt in allen Arbeiten zum „Anschluss" und in allgemeinen Werken zur österreichischen Geschichte (Andics) und in (Auto)Biographien, z.B. (über) Schuschnigg, Jansa usw. Insbesondere mit der Neugründung des Bundesheeres entwickelte sich dann ein Interesse an vertiefter Untersuchung, so dass spezielle Bearbeitungen erfolgten, z.B. vom Heeresgeschichtlichen Museum/Militärhistorischen Institut in Wien, und es erschienen mehrere Monographien speziell zum Thema Übernahme des Bundesheeres. Eine Schlüsselrolle spielt hierbei die umfangreiche unveröffentlichte Dissertation von Peter Gschaider, „Das österreichische Bundesheer 1938 und die Überführung in die Deutsche Wehrmacht", der mit bewundernswerter Akribie buchstäblich alle Aspekte für die Beschreibung des Bundesheeres und alle Probleme bei dessen Übernahme objektiv und ohne politische Tendenz untersucht. Alle späteren Publikationen zu diesem Thema beruhen eigentlich mehr oder weniger stark auf diesen Vorarbeiten.[1]

Dabei haben einige Darstellungen, insbesondere die älteren Werke, gern eine aus der ex-post Sicht wertende Position, die die Mängel des Vor-„Anschluss"-Österreich und die Stimmung der Bevölkerung herunterspielt mit der (rhetorischen) Frage, ob Widerstand nicht doch besser gewesen wäre, hier stellvertretend mit in Wortlaut und Inhalt eher sozialistischer Position Norbert Schausberger, „Der Griff nach Österreich", bis hin zu einer gelegentlich fast weinerlich-kritischen

---

[1] So auch Stein, S. 129f, der auf (nur) wenig Nutzung von Archivmaterial hinweist.

9

Tendenz, was alles, insbesondere beim Militär, als Folge von „Anschluss" und Übernahme schlechter geworden sei, so etwa Erwin Schmiedl, „März 38". Es gibt allerdings auch sehr „anschlussfreudige" und apologetische Quellen, die die beschriebene Richtung scharf kritisieren, z.B. Heinz Grell, „Der österreichische Anschluss", der selbst im Verhalten Adolf Hitlers noch viel menschlich-sympathische Heimatverbundenheit erblickt, hier trotzdem berücksichtigt wegen der guten Darstellung von Originaldokumenten. Überwiegend die neuere Literatur sieht dies ausgewogener und unabhängig von den Entwicklungen nach 1939 und hebt, insbesondere für jüngere Offiziere, die Vorteile und eindrucksvollen Karrieren in der Wehrmacht hervor, so die Monographien von Marcel Stein, „Österreichische Generale im deutschen Heer 1938 - 1945" und Thomas R. Grischany, „Der Ostmark treue Alpensöhne" sowie der Aufsatz von Richard Germann, „Österreicher in der Wehrmacht".

In deutschen Werken wird natürlich auch der „Anschluss" Österreichs behandelt, wobei der Schwerpunkt aber die Einbettung in Hitlers geopolitische Ziele ist. Danach ist Österreich „nur" der erste Schritt von Hitlers „Lebensraum"- und Aggressionspolitik und seinem taktisch-politischem Vorgehen mit dem Gespür für günstige Situationen und deren brutales Ausnutzen mit einer Kombination von Diplomatie, Druck und militärischer Gewalt. Speziell der Umgang mit dem Bundesheer wird dagegen in der deutschen Militärgeschichtsschreibung wesentlich knapper und nur als Teilaspekt der deutschen Aufrüstung und Operationsplanung behandelt, so typisch Michael Salewski „Die bewaffnete Macht im Dritten Reich" im „Handbuch zur Deutschen Militärgeschichte" und - konzeptionsgemäß sehr knapp - Karl-Volker Neugebauer im Grundkurs Deutsche Militärgeschichte, „Vom eigenständigen Machtfaktor zum Instrument Hitlers".

Auflösung/Übernahme der NVA - Armee der Einheit:

Auch hier besteht ein überreicher Schatz an den erwähnten Primärquellen, zumal sich bei der Wiedervereinigung die Bürokratie voll austoben konnte und keine Kriegsverluste eingetreten sind. Als normative Grundlage ist vor allem der Einigungsvertrag zu nennen. Die Erschließung der Primärquellen im Übrigen ist allerdings gleichfalls für den Zweck dieser Arbeit unnötig.

Die Literatur zum Thema Auflösung/Übernahme NVA ist zwar ähnlich reichhaltig, weist allerdings noch qualitative Defizite auf. Die amtlichen Darstellungen - Weißbücher 1994 und 2006 - sind hierzu sehr knapp. Sehr viele andere Beiträge sind (Werbe)Broschüren des BMVg oder sind enthalten in Sammelwerken zu 40, 50 und inzwischen auch 60 Jahren Bundeswehr, und gehen dementsprechend nicht sehr in die Tiefe. Hilfreiche Materialien sind deshalb (Bild)Geschichten der Bundeswehr ohne allzu hohen wissenschaftlichen Anspruch wie Rolf Clement/Paul Elmar Jöris oder Rüdiger Hulin.

Überzeugende Monographien liegen dagegen bisher nicht vor. Am ehesten zu nennen wäre Ehlert, „Armee ohne Zukunft", der aber ab S. 77 die Dokumentation des Zeitzeugenforums „Deutsche Einheit und europäische Sicherheit" übernimmt. Das Fehlen ist wahrscheinlich ein gutes Zeichen und ein Indiz, dass die Probleme Abwicklung der NVA und „Armee der Einheit" politisch und administrativ „gelöst" sind und nicht mehr oder noch nicht als große Forschungsthemen gelten.

Bei dieser Fülle der vorhandenen Literatur soll der Schwerpunkt bei beiden Übernahmen auf den erwähnten militärisch-administrativen Kern gelegt werden. Die allgemeinen historischen Ereignisse sind nur in dem Umfang und der Detailliertheit dargestellt, soweit dies zum Verständnis erforderlich ist. Da bei Österreich nach 80 Jahren, insbesondere in Deutschland, die historischen Fakten nicht mehr so präsent sind wie die Vorgänge um die Wiedervereinigung und die Auflösung der NVA, ist für die Vorgänge vor 1938 die „History" entsprechend ausführlicher dargestellt. Auf die (staats)rechtlichen und haushaltsmäßigen Aspekte[2] wird weitgehend verzichtet. Ebenso muss bei der Überfülle von Details eine Beschränkung auf Gesichtspunkte einer gewissen Relevanz und generellen Bedeutung gelegt werden. So beschränkt sich die Untersuchung der Überführung des Bundesheeres in die Wehrmacht auf die Kernbereiche in einer Auswahl und Gliederung, der auch die Literatur im Wesentlichen folgt.[3]

Danach sind die für die Untersuchung entscheidenden Komplexe und Forschungsfragen

---

[2] Benoist-Mechin, S. 286ff; Gschaider, S. 189ff bzw. 197ff.
[3] Z.B. Gschaider, Inhaltsverzeichnis, S. 203ff, 234ff, 306ff.

- **Historisch-politische Ausgangsbedingungen:** Historischer Hintergrund und politische Voraussetzungen für die Vereinigung der Staaten und die politischen Vorgaben für die Übernahme der anderen Armee?

- **Lehren aus vorangegangenen Übernahmen?** Da strukturell zahlreiche Parallelen bestehen, ist die Frage von besonderem Interesse, ob bei der Auflösung der NVA Erkenntnisse und Lehren aus der Übernahme des Bundesheeres eine Rolle gespielt haben.

- **Rechtsgrundlagen, Militärische Organisation und Truppengliederung:** Wieviel Eigenständigkeit wird der übernommenen Armee gelassen? Welches Modell wird auf die Gesamtarmee/die übernommene Armee angewendet? Welche Spielräume bleiben der übernommenen Armee?

- **Ausrüstung und Bewaffnung:** Wie sieht die qualitative und quantitative Ausstattung beider Armeen aus? Wie geht der Übernehmende mit seiner „Beute" um? Was und wieviel wird weiterverwendet?

- **Identität, Tradition, Innere Führung:** Stülpt der Übernehmende sein System über oder kann etwas vom „Geist" und der Identität des Übernommenen bewahrt werden? Was bleibt der übernommenen Armee von ihrem Selbstverständnis, ihren Traditionen?

- sowie als **„Hauptschlachtfeld" Personal:** Wie viele und welche Angehörigen der übernommenen Armee werden in die übernehmende überführt? Welche Angehörigen werden nicht übernommen? Was sind die Auswahlkriterien? Wie geht der „Sieger" mit den Übernommenen und den Nicht-Übernommenen um? Herrscht Gleichberechtigung oder Diskriminierung?

- Nach Klärung dieser Aspekte ist in einem „Ausblick" schließlich zu analysieren: welche Maßnahmen und Lehren einer Übernahme von Armeen beim Untergang von Staaten sind (nur) der konkreten historischen Situation geschuldet? Welches sind demgegenüber generelle, strukturelle Lehren und damit gleichsam historische Gesetze, die bei Übernahmen, sollen diese erfolgreich sein, auch in Zukunft zu beachten sind.

2. Historisch-politische Ausgangsbedingungen

a) Österreichische Republik und Bundesheer bis 1938[4]

Nach Niederlage und Zerfall Österreich-Ungarns konstituierten sich die deutschsprachigen Teile am 12. November 1918 offiziell als Republik Deutschösterreich[5] und proklamierten den „Anschluss" an das Deutsche Reich. Demgegenüber brachte der Vertrag von Saint Germain (10. September 1919)[6] weitere Gebietsverluste (Deutschböhmen, Südtirol), verbot den „Anschluss" an das Deutsche Reich und beschränkte die österreichischen Streitkräfte auf maximal 30 000 Zeit- und Berufssoldaten bei Verbot der Wehrpflicht; die Artillerie wurde auf 90 Geschütze bis höchstens 10,5 cm beschränkt. Ein Generalstab war verboten; ebenso Panzer, Gas, Flak, Flugzeuge usw.[7] Aus Mangel an finanziellen und personellen Ressourcen wurde die theoretisch als diskriminierend empfundene Personalobergrenze vor 1933 nicht einmal voll ausgeschöpft. Nach dem Wegfall der Marine und entsprechend der föderativen Struktur des neuen Staates wählte Österreich für seine Streitkräfte die Bezeichnung Bundesheer; dabei blieb es bis heute.

Die politische Ausgangslage und das Entstehen der Staatenkonstellation, insbesondere mit dem Deutschen Reich, ist also das Ergebnis einer schweren militärischen Niederlage und der daraus resultierenden massiven politischen und gesellschaftlichen Veränderungen (Vertrag von Saint Germain bzw. Versailles 1918/19 mit Sturz der Monarchie), was den jungen Demokratien von Anfang an als Makel anhaftete. Deutschland und Österreich waren befreundet und traditionell - seit dem Zweibund 1879 - verbündet und durch das Kriegserlebnis aneinander geschweißt; alle Annäherungsversuche scheiterten aber am Widerstand der Siegermächte.[8]

---

[4] Zeittafel für Österreich und Deutschland, Heeresgeschichtliches Museum, S. 88ff.
[5] Zu der Entstehungsgeschichte Hellbling, S. 400-417; zur Entstehung der Bezeichnung Kleindel, S. 295f.
[6] Zusammenfassung Kleindel, S. 298-30.
[7] Gschaider, S. 15ff; Jansa, S. 590.
[8] Aufgeführt bei Kleindel, S. 296f; zur gescheiterten Zollunion Grell, S. 155.

So musste sich zunehmend aus dem „Staat, den keiner wollte"[9] und der zur Unabhängigkeit gezwungen wurde - zeitweise mit politischer und wirtschaftlicher Unterstützung der Entente-Mächte - eine Republik mit eigener Identität entwickeln. Dabei spielte die monarchistische Tradition (k.u.k., Habsburg, altes Reich) mental eine wichtige Rolle bis hin zur Operette(!) und wurde als „Integrationsfaktor" gepflegt.[10] Es bestand allerdings eine tiefe Zerrissenheit in „Linke" ((Austro)Marxisten), Katholisch-Soziale, Konservative, Monarchisten und Nationalsozialisten, die sich zeitweilig in Putschversuchen und bürgerkriegsähnlichen Unruhen entlud (1934 Februaraufstand der Linken und Juliputsch der Nationalsozialisten) und ein Klima von Gewalt, Unsicherheit und Angst im Land erzeugte.[11] Dies belastete natürlich auch das Bundesheer, insbesondere das Offizierskorps, wenn es auch als innenpolitisches Instrument bis zuletzt funktionierte.

Mit der Machtübernahme des Österreichers(!) Adolf Hitler 1933 verschlechterte sich auch das Verhältnis Österreich - Deutsches Reich, zumal Hitler die österreichischen Nationalsozialisten ermutigte und vor allem keinen Zweifel daran ließ, Österreich „Heim ins Reich" holen zu wollen, so sehr deutlich bereits zu Anfang im 1. Kapitel von „Mein Kampf";[12] was nicht nur das Verhältnis Österreichs zum Deutschen Reich zunehmend belastete, sondern wiederum den österreichischen Nationalsozialisten Auftrieb gab, ihren Staat zu sabotieren.

Die Bemühungen, die inneren Spannungen zu unterdrücken, hatten schon 1933 unter Engelbert Dollfuß zum autoritären „Nationalen Ständestaat",[13] auch gern als „Austrofaschismus" bezeichnet, geführt, ein System, das faktisch ohne (handlungsfähiges) Parlament regierte,[14]

---

[9] (österreichische) politische Redensart, von Andics als Titel von zwei Monographien gewählt, zukünftig abgekürzt „Staat", bzw. Band 3 der Neuen Österreichischen Geschichte mit „Geschichte".

[10] Für das Militär Gschaider, S. 378f.

[11] Grischany, S. 52; Kindermann, S. 152f.

[12] Adolf Hitler, Mein Kampf, an zahlreichen Stellen, insbes. in allen Auflagen gleich S. 1; auch abgedruckt in: Mein Kampf, Eine kritische Edition, S. 93 und kommentiert S. 92 FN 2 und 3, Christian Hartmann et alii (Hrsg.), München - Berlin 2016.

[13] Zur Entstehung und Geschichte Andics, Staat, S. 394ff; Kleindel, S. 348ff.

[14] Hintergrund und Vorgänge bei der „Ausschaltung des Parlaments" bzw. Selbstausschaltung des Nationalrates Kleindel, S. 323-330.

mit ständischer Organisation und konservativ-christlich-sozialer „Ideologie"[15] und (KZ-ähnlichen) „Anhaltelagern" für Regimegegner von rechts und links. Außenpolitisch erfolgte - trotz der Südtirol-Frage - eine Anlehnung an Italien, da Mussolini die Expansionsbestrebungen Hitlers, wesentlich wegen Südtirol, lange Zeit sehr kritisch sah und mit den „Römischen Protokollen" vom März 1934 sogar eine Art Bündnis Italien-Ungarn-Österreich schmiedete und noch 1936 im Fall einer deutschen Intervention Hilfe mit 5 Divisionen zusagte.[16]

Parallel erfolgte eine ständige Aufrüstung des Bundesheeres, wobei die Alliierten die Verletzung des Vertrages von Saint Germain nach 1933 zumindest duldeten, z.B. Wiedereinführung der österreichischen Uniformen, 1934 Neubildung des „Generalstabes der bewaffneten Macht"[17] (Chef Feldmarschalleutnant Alfred Jansa), Schaffung einer Luftwaffe, 1936 allgemeine Wehrpflicht von 12 Monaten (1937 auf 18 Monate verlängert, was sich aber im März 1938 noch nicht ausgewirkt hatte). So erreichte, bei 6 ,7 Mio. Einwohnern, das Bundesheer Anfang März 1938[18] den beachtlichen Stand von fast 60 000 Mann,[19] 8 1/2 (kleinen) Divisionen, 67 000 Reservisten, 100 000 Mann „Frontmiliz", 905 Geschützen bis 30,5 cm, leichten Radpanzern und 80 Kampfflugzeugen[20] und es wurde von Quartal zu Quartal stärker. Die Masse der Ausstattung stammte zwar noch aus dem Weltkrieg, doch waren einige der in der Einführung befindlichen Waffensysteme sehr modern und effektiv und teilweise denen der Wehrmacht überlegen z.B. die MPi 34, eine ausgezeichnete Maschinenpistole zu einer Zeit, als die Wehrmacht noch keine Maschinenpistole eingeführt hatte, (Ketten)Motorkarette als höchst geländegängige und wintertaugliche Zugmaschinen, leichte Radpanzer, das „Infanteriegeschütz" 4,7 cm, als Pak mit doppelter Durchschlagskraft wie ihr deutsches (3,7 cm)

---

[15] Zur „Verfassung des Bundesstaates Österreich" vom 1.5.1934 Hellbling, S. 458f; Kleindel, S. 348ff.

[16] Kindermann, S. 193ff; Mau/Krausnick, S. 100; Schausberger, S. 549.

[17] Alte österreichische Bezeichnung, Heeresgeschichtliches Museum, S. 21.

[18] Ausführlich zu Stand, Stärken, Gliederung und Geschichte Gschaider, S. 19ff.

[19] Angaben zur Kopfstärke etwas schwankend; am detailliertesten aufgeschlüsselt Gschaider, S. 57ff, 234, 242 und ihm folgend Grischany gut 58 000, andere Angaben 60 000 bis 65 000, so Heeresgeschichtliches Museum S. 24, 69.

[20] Gschaider, S. 338f; Jansa S. 592f; Übersicht über alle Waffen und das gesamte Wehrmaterial Steinböck, insbes. S. 110, 150-154.

Gegenstück, und die 4 cm Bofors Fla-Maschinenkanone.[21] Auch in einigen praktischen Fertigkeiten und Aspekten war das Bundesheer der Wehrmacht überlegen.[22] Die modernen Systeme waren allerdings erst in relativ geringer Stückzahl vorhanden (von der PAK etwa 200 Exemplare). Generell bestanden, auch gegenüber den Planzahlen, bei Personalstärke und Ausstattung überall Defizite, insbesondere bei Panzern, Luftabwehr, Flugzeugen und Pferden, wobei die Munitionsvorräte der größte Engpass waren und nur eine Verteidigung von 2-3 Tagen ermöglicht hätten.[23] Auch die Standardisierung, vor allem mit der Frontmiliz, war mangelhaft.

Hinzu kam eine starke Politisierung im Sinne der jeweiligen Couleur des Verteidigungsministers, die, insbesondere bei Regierungswechseln, Patronage und Seilschaften mit sich brachte - „Heer im Schatten der Parteien".[24] Dies und das Erstarken der Nationalsozialisten führte zu einer faktischen Spaltung des Offizierskorps, die Misstrauen und hohe Denunziationsbereitschaft mit sich brachte.

Die politische Lage kulminierte dann 1934: Nachdem durch Einsatz des Bundesheeres im März ein Aufstand der Linken niedergeschlagen worden war, unternahmen die Nationalsozialisten im Juli 1934 einen Putschversuch,[25] wobei Dollfuß ermordet wurde. Mussolini verhindert eine Intervention Hitlers und auch dieser Putsch wird, wiederum durch Einsatz des Bundesheeres, niedergeschlagen, was zwar die Zuverlässigkeit des Bundesheeres zeigt, es aber zum Feindbild der Linken wie der Rechten macht. Neuer Bundeskanzler und, wie auch schon sein Vorgänger, zugleich „Bundesminister für Landesverteidigung", wird Kurt Schuschnigg. Während die Kontakte des Regimes zur „Linken" nie ganz abrissen, verschärfte sich zunächst die Verfolgung der Nationalsozialisten; viele ihrer Offiziere wurden entlassen und viele Mitglieder verhaftet, was wiederum den Druck des Reiches, politisch und wirtschaftlich, vergrößerte. 1936 wurde mit dem „Juli-

---

[21] Gschaider, S. 30ff, insb. S. 31, 33f, 41, 308ff; Jansa, S. 596f; Schmiedl, S. 80ff; Abb. Gschaider, a.a.O. und Heeresgeschichtliches Museum, S. 147f; s.u. 3.b)aa).

[22] Beispiele bei Gschaider, S. 289ff.

[23] Gschaider, S. 39, 72ff, 160ff, 363ff.

[24] Titel der Monographie von Ludwig Ledlika, s. Literaturverzeichnis; Gschaider, S. 49ff, 250ff, 353f; Heeresgeschichtliches Museum, S. 17ff; Stein, S. 11f.

[25] Zu Absicht und Verlauf Andics, Staat, S. 463ff, 470ff.

abkommen" ein Kompromiss versucht: Hitler lockerte Druck, wirtschaftliche Sanktionen und Propagandakampagne, die Verfolgung der Nationalsozialisten musste aber gemildert werden bis hin zur Aufnahme von Mitgliedern der „nationalen Opposition" in den Ministerrat, bei denen die Nähe zum Nationalsozialismus kaum noch getarnt wurde, „Politik des Trojanischen Pferdes", u.a. Arthur Seyß-Inquart als „Befriedungskommissar" (sic!).[26]

Der Generalstab reagierte auf den deutschen Druck und traf Verteidigungsvorbereitungen gegen einen deutschen Angriff. Dieser „Plan DR" (für Deutsches Reich), bekannt als Jansa-Plan,[27] war bezeichnenderweise der einzige ausgearbeitete Plan des Generalstabes.[28] Dieser ging von einem deutschen Vorstoß auf Wien durch das Donau-Becken aus und sah vor, dies an seiner Engstelle an der Traun mit einer massiven Verteidigungslinie durch Konzentration der österreichischen Truppen verstärkt durch Bunker, Minen und Giftgas(!) zu sperren; bereits ab der Grenze sollte hinhaltender Widerstand geleistet werden; eine Auffanglinie war an der Enns vorbereitet. Die Traun- oder hilfsweise die Enns-Linie sollte so lange gehalten werden, bis Hilfe vom Ausland - Italien, Frankreich - käme.

Damit waren Regierung und Bundesheer „eigentlich" für eine militärische Verteidigung gegen Deutschland vorbereitet.

Allerdings war der Gegensatz Regierung - Volk nicht zu übersehen. Überhaupt verschlechtert sich die österreichische Situation ständig.[29] Die Wirtschaft entwickelte sich negativ: Anfang 1938 waren über 400 000 Österreicher arbeitslos und nicht selten herrschten Not und Hunger. Die Alliierten bemühten sich, dies durch großzügige Kredite abzuwenden, die sie aber mit der Bedingung verbanden, dass kein „Anschluss" an Deutschland erfolgen dürfe. Durch Annäherung Deutschlands an Italien (Abessinien, Spanien) folgt auch eine außenpolitische Isolation Österreichs und ermutigt Hitler und die Nationalsozialisten zu ständigem Druck und Provokationen.[30] Hitler analysiert

---

[26] Salewski S. 212; Schausberger, S. 349; Andics, Geschichte, S. 242.
[27] Z.B. Fritz mit Planskizze; Heeresgeschichtliches Museum, S. 25, 10ff, 113f; Gschaider, S. 63ff, 84ff; Jansa S. 619ff; Schmiedl, S. 61ff; Steinböck, S. 87-100.
[28] Schausberger, S. 559.
[29] Zeittafel Grell, S. 156; Salewski, S. 212, 215f.
[30] Andics, Österreich, S. 248, 252.

Ende 1937 die Lage als günstig für ein „blitzartiges" Vorgehen gegen Österreich und die Tschechoslowakei.[31]

Schuschnigg verspricht sich eine Entspannung durch ein persönliches, vom Botschafter Franz von Papen initiiertes, zunächst geheimes, Treffen mit Hitler, das am 12. Februar 1938 auf dem Obersalzberg stattfindet. Durch psychologischen Druck und offene Erpressung[32] kommt es zum „Berchtesgadener Abkommen" zwischen Hitler und Schuschnigg: kein deutscher Einmarsch, dafür Regierungsbeteiligung der Nationalsozialisten (Seyß-Inquart Innen- und Sicherheitsminister), Ende der Verfolgung und Amnestie für alle Nationalsozialisten, Entlassung Jansas[33] und Ernennung eines Nationalsozialisten zum Nachfolger (General Franz Böhme), Wiedereinstellung von 50 wegen NS-Aktivitäten entlassener Offiziere, Austausch von je „bis zu" 100 Offizieren.[34]

Österreich würde hierdurch faktisch seine Unabhängigkeit und Verteidigungsfähigkeit verlieren. Schuschnigg lässt jedoch nach seiner Rückkehr den letzten Zeitpunkt verstreichen, zu dem noch mit Aussicht auf Erfolg offener Widerstand und Mobilmachung möglich gewesen wären, und beginnt mit der Umsetzung des Abkommens.[35] Nachdem er seinen Schock überwunden hatte, setzt er aber, um eine deutsche Besetzung politisch und moralisch unmöglich zu machen, unter der etwas martialischen Parole „rot-weiß-rot bis in den Tod" , am 9. März völlig überraschend eine Volksabstimmung an „für ein unabhängiges Österreich" auf den 13. März(!).[36] Zwar bestand, vor allem bei Sozialisten, Katholiken und Monarchisten, eine Antipathie

---

[31] Hoßbach-Protokoll über Besprechung am 5. November, Fall 3, Andics, Geschichte, S. 240f, 246; Salewski, S.184ff.

[32] Hitler führte das „Gespräch" als Diktat; Schuschnigg hatte berechtigte Sorge, verhaftet zu werden und Hitler hatte, ohne dass sie über den Zweck informiert waren, die Generale Reichenau und Sperrle im Vorzimmer postiert, „weil sie am brutalsten aussahen", Andics, Staat, S. 547ff; Benoist-Méchin S. 198ff; Kranz, S. 126ff; Mau/Krausnick S. 100.

[33] Der dem mit dem eigenen Rücktritt zuvor kam, Jansa, S. 669ff.

[34] Ergebnisse Benoist-Méchin S. 204; durch die den Österreichern zugestandenen etwas offeneren Formulierungen wurden faktisch wohl nur um 50 Offiziere ausgetauscht, Benoist-Méchin S. 208, FN39.

[35] Jansa, S. 670, 675ff; Schmiedl, S. 69ff.

[36] Auflistung und Zeittafel der März-Ereignisse Andics, Staat, S. 553ff; Kleindel, S. 359ff, Wortlaut des Aufrufs S. 363.

gegen den Nationalsozialismus und eine langsam wachsende Sympathie für Österreich und das eigene Regime mit Dollfuß als Märtyrer.[37] Die Österreicher insgesamt hatten aber, nicht zuletzt wegen der Mängel ihres Regimes und der wirtschaftlichen Lage, nach wie vor große Sympathie für eine Vereinigung. Schuschnigg versuchte deshalb die Abstimmung so zu „steuern", dass nur die Regierungsposition, das „ja"-Votum, gewinnen konnte.[38] Dadurch sah sich Hitler überstürzt veranlasst zu handeln, wobei der eigentliche „Krisen-Manager" in den folgenden Tagen weniger der immer noch etwas zögerliche Hitler, sondern interessanterweise Hermann Göring war, der die Entwicklung per Telefon steuerte.[39] Hitler erklärt, zunächst durchaus mit internationaler Zustimmung, das Berchtesgadener Abkommen für gebrochen und erzwingt mit einem Ultimatum am 11. März[40] den Rücktritt Schuschniggs und die Ernennung des Nationalsozialisten Seyß-Inquarts zum (Übergangs)Ministerpräsidenten. Dieser verstand sich zwar als „Österreicher" und war gegen einen militärischen Einmarsch und für einen Sonderstatus eines nationalsozialistischen Österreichs im Reich, wurde aber gleichfalls „überfahren". Nach Rückversicherung bei Mussolini löste Hitler dann Plan „Otto"[41] aus, d.h. die militärische Besetzung Österreichs. Improvisiert, innerhalb weniger Stunden, wurden hierzu die Pläne entworfen und eine „8. Armee" gebildet

---

[37] Salewski, S. 211, 213.

[38] Überraschungseffekt und die unakzeptabel kurze Vorbereitungszeit mit sofort angelaufener Propaganda sollten einen Vorsprung geben, Vorbereitung und Durchführung war der regierungsnahen Miliz übertragen und es war nur schwer möglich mit „nein" zu stimmen, Benoist-Méchin S. 229; Grell, S. 63f; Schmiedl, S. 95.

[39] Andics, Staat, S. 554; Benoist-Méchin S. 254ff; Fritz, S. 15, 19f; Gschaider, S. 183ff; Grell, S. 72; Kranz, S. 126ff. Göring engagiert als „Beauftragter für den Vier-Jahres-Plan"?, was interpretiert wird, dass mehr (wehr)wirtschaftliche als ideologische Aspekte im Vordergrund gestanden hätten, Salewski, S. 213ff; besonders hervorgehoben Schausberger, S. 360, 433-488, 577; unwahrscheinlich angesichts der klaren Position Hitlers, s.o. S. 15.

[40] Ausführlicher Zeitplan bis März 1939 Gschaider, S. 115f.

[41] Ursprünglich „Sonderfall Otto", dann „Unternehmen Otto"; „Otto" in der nicht abwegigen Annahme, dass es zu einem Restitutionsversuch des Habsburgischen Thronprätendenten kommen würde, Kleindel S. 365, zum Versuch S. 362; Fritz, S. 32-35, darin der Wortlaut der Aufmarschweisung und der Weisung „Otto".

(Oberkommandierender von Bock[42]). Dieser wurden unterstellt das VII. und XIII. Armeekorps, etwas zusammengewürfelt und verstärkt durch SS- und Polizeiverbände, und als „Speerspitze" das Panzerkorps (Guderian), eigentlich nur die 2. Panzerdivision verstärkt um die motorisierte SS-Leibstandarte und motorisierte Flak-Verbände, insgesamt rund 105 000 Mann.[43] Das Panzerkorps sollte - wie von Jansa vorhergesehen - auf dem schnellsten Wege durch das Donau-Tal Wien gewinnen, während die Infanteriekorps das übrige Österreich zu besetzen und die Flanken zu sichern hatten; ergänzend sollten Luftlandungen auf den Flughäfen Wien-Aspern, Graz und Klagenfurt sowie mehrere nur symbolische in anderen Städten erfolgen. Am 12. März erfolgte dann der planmäßige Einmarsch der deutschen Truppen. Nachdem Schuschnigg am Morgen noch eine (Teil)Mobilmachung angeordnet hatte, die erstaunlich geordnet anlief, gab er um 19:30 den Befehl, keinen Widerstand zu leisten.[44]

Die deutschen Verbände sollten tunlichst ohne Gewaltanwendung vorgehen, waren aber gefechtsbereit und auf Brechen von Widerstand vorbereitet.[45] Stattdessen wird der deutsche Vormarsch ein Triumphzug mit jubelnden Volksmassen und geht als „Blumenfeldzug" in die (Militär)Geschichte ein.[46] Alsbald entstand der Slogan „ein Volk, ein Reich, ein Führer".[47] Tatsächlich spielte Hitler die Bevölkerung ge-

---

[42] General der Infanterie, aber bereits am 15.3. zum Generaloberst befördert.

[43] Trotz dieses politischen Vorlaufes nur improvisiert, weil die Heeresführung die Umsetzung in eine Planung zunächst dilatiert hat: Andics, Geschichte, S. 248, Fritz, S. 3, 10; Heeresgeschichtliches Museum S. 27, 49ff, 116ff; Neugebauer, S. 266; Salewski, S. 217; Truppeneinteilung Fritz, Anhang II, Gliederung des PzKorps S. 42 Einzelheiten zur Operation insbes: Fritz; Benoist-Méchin, S. 278ff; Gschaider, S. 115f; Schmiedl, S. 135ff mit Operationsplan auf hinterer Deckelseite, speziell zur Rolle der Luftwaffe Rupert Reisinger/Joachim Buschin, Unternehmen Otto: Die Beteiligung der Deutschen Luftwaffe an der Besetzung Österreichs, Fliegerrevue Extra, 2003, Heft 3, S. 48-79 (mit Überbetonung des fliegenden Materials).

[44] Steinböck, S. 103ff; Schausberger, S. 561ff.

[45] Wortlaut der Weisung Hitlers: Heeresgeschichtliches Museum, S.54; Kleindel, S. 367.

[46] Unbestritten; z.B. Benoist-Méchin, S. 278ff, der die Verzögerungen durch die Begrüßungs- und Jubelorgien auflistet; Andics, Geschichte, S. 261ff; Grell, S. 143; Schmiedl, Museum, S. 61.

[47] Zuerst geprägt von Landesleiter Klausner, also österreichisch, Andics, Geschichte, S. 279.

schickt gegen die österreichische Regierung aus und definierte den Einmarsch als „Befreiung" von jahrelanger Unterdrückung; der halbherzige Protest der Westmächte beschränkte sich denn auch auf das „wie", d.h. den militärischen Einmarsch, und richtete sich nicht gegen den „Anschluss" als solchen.

Auch wenn Hitler alle Formen des Föderalismus verachtete, so dürfte er sich doch ursprünglich durchaus einen Sonderstatus von Österreich vorgestellt haben; (erst) bei der Leichtigkeit des Einmarsches und dem unerwarteten Jubel der Bevölkerung kam er dann zu dem Ergebnis, jegliche Sonderregelungen seien unnötig und unsinnig.[48] Jedenfalls wird am 13. März der (vollständige) „Anschluss" an das Deutsche Reich proklamiert. Staatsrechtlich etwas merkwürdig vollzogen wurde dieser Akt durch das „Verfassungsgesetz" des österreichischen Ministerrates und dessen Veröffentlichung im Reichsgesetzblatt.[49] Dem nationalsozialistischen Ministerpräsidenten Seyß-Inquart wurde alsbald ein deutscher(!) „Reichskommissar für die Vereinigung", der Gauleiter des Saarlands Josef Bürckel, vorgesetzt. Das unabhängige Österreich war damit untergegangen und das Deutsche Reich mit bisher 68 Mio. Einwohnern um 6,7 Mio., also rund 10%, gewachsen.

Auch wenn so politisch und völkerrechtlich der „Anschluss" Österreichs bereits vollzogen ist, will Hitler diesen durch eine Volksabstimmung absegnen und damit rechtfertigen. Diese findet am 10. April, parallel in Österreich und im Reich, statt und erbringt angeblich 99,7% Ja zum „Anschluss".[50] Dass solche Ergebnisse nie demokratisch sein können - die nationalsozialistische Propaganda-, Verfolgungs-und Unterdrückungsmaschinerie war sofort angelaufen[51] - kann nicht darüber hinwegtäuschen, dass eine ganz große Mehrheit der

---

[48] Andics, Staat, S. 558; Gschaider, S. 183ff; Mau/Krausnick, S. 104f; Stein, S. 124f.

[49] Dokumentation des (staatsrechtlichen) Vollzugs Grell, S. 124-126; Grischany, S. 58f; Kleindel, S. 374f; zu den Folgen für die politische Gliederung, Administration und Gesetzgebung (Gleichschaltung!) Hellbling, S. 461ff.

[50] (angebliches) Ergebnis für beide Abstimmungsgebiete Benoist-Méchin, S. 309, FN 16 und Grell S. 147; bei den österreichischen Soldaten nur 125 „nein" Stimmen, Gschaider, S. 191. Das „ja" Feld auf dem Stimmzettel ist vergrößert, aber sonst war die eigentliche Abstimmung und Wahlmöglichkeit augenscheinlich korrekt, Andics, Geschichte, S. 296; Abdruck des Stimmzettels bei Grell, S. 147.

[51] Benoist-Méchin, S. 290; Salewski, S. 218.

Österreicher den „Anschluss" begrüßte und mit „ja" stimmte. Besonders als Protagonisten des „ja" herausgestellt wurden die „natürlichen" Gegner des Nationalsozialismus, so der aus dem Amt gedrängte Staatspräsident Wilhelm Miklas, die katholische Bischofskonferenz mit ihrem populären Vorsitzenden Theodor Kardinal Innitzer, die evangelische Kirche und nicht zuletzt der Sozialist, „Vater" der Republik, Altkanzler und letzter Parlamentspräsident Karl Renner.[52]

Dies Ergebnis ist heute noch für die Österreicher ein nationales Trauma, was wiederum, besonders nach 1945, die Tendenz von politischem Mainstream und auch der wissenschaftlichen Literatur prägt: Bei der andauernden Diskussion, ob Österreich Widerstand hätte leisten sollen oder können, ist die Kritik deshalb stark durch die ex post-Argumentation nach dem Zweiten Weltkrieg beeinflusst.[53] Andererseits war aber mit Unterstützung anderer Mächte nicht zu rechnen - Großbritannien war auf Appeasement-Kurs, in Frankreich war die neue Volksfront-Regierung Blum noch nicht handlungsfähig und Mussolini war inzwischen mit Hitler im Einvernehmen.[54] Bei der hohen Zustimmung der Österreicher zur Vereinigung fehlte es auch offensichtlich an Opposition und Widerstandswillen - in einzelnen Bundesländern liefen parallel zum Einmarsch nationalsozialistische Unruhen und Aufstände an.[55] Dies alles musste zwangsläufig die Kampfbereitschaft, nicht nur der Wehrpflichtigen sondern auch der Entscheidungsträger, lähmen. Auch war durch den nach Berchtesgaden erfolgten Marsch der Nationalsozialisten in die Institutionen - inzwischen Innenminister und Generalstabschef - und dem Austausch von Offizieren das Bundesheer nicht mehr zuverlässig einsetzbar. So hätte Widerstand allenfalls noch lokal, kurzzeitig und symbolisch geleistet werden können. Folglich hat Schuschniggs Entscheidung zu diesem Zeitpunkt keine Opposition mehr erfahren und wur-

---

[52] Benoist-Méchin, S. 305ff; teilweise mit etwas „Nachhilfe" vom neuen Regime, Andics, Geschichte, S. 290ff; Wortlaut der Erklärungen zitiert bei Grell, S. 132, 142, 146.

[53] So auch Schausberger, S. 565f.

[54] Andics, Geschichte, S. 267, 269; Benoist-Méchin, S. 273; Heeresgeschichtliches Museum, S. 30f; Steinböck, S. 99; die 5 italienischen Divisionen sollen zwar noch in Marsch gesetzt worden sein, wurden aber entsprechend der Einigung der Staatschefs noch vor der Grenze angehalten, Schausberger, S. 562.

[55] Schmiedl, S. 111ff.

de von der großen Mehrheit aller Experten für richtig gehalten; so ergab auch eine Umfrage von Bundespräsident Miklas beim Heeresinspekteur und Fachleuten des Verteidigungsministeriums, dass zu diesem Zeitpunkt Widerstand sinnlos war.[56]

In diesem Zusammenhang ist viel über Mängel und Pannen der militärischen Operation diskutiert worden. Diese wurden von der Wehrmachtsführung akribisch ausgewertet und sind deshalb in allen Details bekannt.[57] Ihre politische Überbetonung geht nicht zuletzt auf Churchill zurück, der dadurch das „Appeasement", Österreichs und der Westmächte, geißeln wollte.[58] Letztendlich war aber bei zahlreichen „Friktionen" von fehlenden Karten bis zu Behinderungen durch jubelnde Bevölkerung, und trotz der - bei militärischem „Neuland" unvermeidbaren Probleme und Pannen - die improvisierte(!) deutsche Operation militärisch ein Meisterstück.[59] Insbesondere der Einsatz einer selbständig operierenden verstärkten Panzerdivision (etwas euphemistisch als Panzerkorps bezeichnet) und ergänzende Luftlandungen war die erste Blitzkriegoperation. Zum damaligen Zeitpunkt hätte keine andere Armee mit so kurzer Vorbereitung eine so schnelle und wuchtige Operation mechanisierter Großverbände führen können.

---

[56] H.M., Fritz S. 30f; Jedlicka, S. 181; Stein, S. 108f ausdrücklich gegen Steinböck; sorgfältige Analysen Gschaider, S. 63ff, 98ff, 185ff, 367ff, und ausgedehnt auf die europäische politische und militärische Situation und der generellen Chancenlosigkeit der kleinen Staaten Heeresgeschichtliches Museum, S. 31ff; grundsätzlich ja, aber zu diesem Zeitpunkt nicht mehr, Steinböck, S. 105, 115; und Jansa, S.670, 675, der noch eine Chance unmittelbar nach Berchtesgaden vor Umsetzung der Beschlüsse sieht und die Frage stellt, warum das Bundesheer so aufgerüstet wurde, wenn die Regierung es nicht einsetzten wollte; anderer Ansicht Schausberger, S. 565ff.

[57] Fritz, S. 19-24, 28-30.

[58] Stein, S. 123.

[59] Zu den „Pannen" und Defiziten der Operation Fritz, S. 28ff; Gschaider, S. 179f, 391f; Schmiedl, S. 143ff; Schausberger, S. 572. Die 2. Pz Div hat aber in zwei Tagen unter noch winterlichen Bedingungen und teilweisem Linksverkehr(!) 700 km zurückgelegt. Selbst wenn dabei 20% der Panzer und 30% der übrigen Fahrzeuge und des „Gerätes" ausgefallen sind und an privaten Tankstellen getankt werden musste, war dies sicher „Weltrekord", dem damals keine Armee etwas hätte entgegensetzen können. Damit war es Guderian ein Vergnügen, Churchill ironisch zu widerlegen, Benoist-Méchin, S. 283f; Schmiedl, Einmarsch, S. 57ff; Stein, S. 4.

b) Untergang und Auflösung von DDR und NVA seit 1989

1989/90 bestand eine grundlegend andere Ausgangslage, wobei sich allerdings strukturell erstaunlich viele Parallelen ergeben. Anders als 1938 in Österreich wurde dieser Übernahmeprozess nicht von außen erzwungen, sondern von der freigewählten Regierung der DDR in diesem Sinne gesteuert, natürlich im Einvernehmen mit der Bundesrepublik Deutschland und den vier Siegermächten.

Die Konferenzen von Jalta und Potsdam hatten die Aufteilung Deutschlands in vier Besatzungszonen beschlossen. Hieraus entwickelten sich die beiden deutschen Staaten, wobei die Sowjetunion, wie im übrigen Osteuropa, auch der DDR ihr politisches System, die kommunistische Diktatur, aufpflanzte. Folgerichtig begannen sie und zunehmend die Institutionen der DDR, Streitkräfte aufzustellen, zunächst getarnt, dann die NVA als Berufsarmee und 1962 auch als Wehrpflichtarmee. Entsprechend der kommunistischen Ideologie war sie Parteiarmee - 96% der Offiziere waren Mitglieder oder Kandidaten der SED[60] - (notwendige) Stütze des Regimes, das nie über 25% Zustimmung in der Bevölkerung hatte und deshalb bewaffnete Kräfte als Apparat für die Unterdrückung ebenso brauchte wie als „Transmissionsriemen" für seine Ideologie, d.h. Instrument für Propaganda und Indoktrination. Doch allein für diese Zwecke deutlich überdimensioniert, verstand sich die NVA geographisch und ideologisch als Speerspitze des Warschauer Paktes mit offensivem Auftrag entsprechend den sowjetischen Einsatzgrundsätzen, wobei das ideologisch und mit „Hass" aufgeladene Feindbild die Bundesrepublik und die Bundeswehr waren.[61] Dies Verständnis von der bewaffneten Macht war folgerichtig eingebettet in eine allgemeine Militarisierung, die beginnend mit Wehrkundeunterricht in den Schulen über GST, Kampfgruppen usw. die gesamte Gesellschaft der DDR erfasste. Gegen diese Ideologie und allgegenwärtige Militarisierung gab es wachsenden unterschwelligen Widerstand in der Bevölkerung, der zu einigen Zu-

---

[60] Digutsch, Die NVA und die Armee der Einheit, künftig abgekürzt „Armee", S. 451, 453.
[61] Digutsch, „Armee", S. 454f, 462; Heider, S. 426ff; Heinze, S. 87; Lapp, S. 13, 32ff; Scheven, Die Bundeswehr und der Aufbau Ost, in: 50 Jahre Bundeswehr, künftig abgekürzt „Bundeswehr", S. 445.

geständnissen, insbesondere seit September 1964 zur Schaffung von „Bausoldaten" als Form der Wehrdienstverweigerung führte.[62]

Das Ende der DDR begann spektakulär und für alle sichtbar am 9. November 1989. Dieser Prozess ergriff auch die NVA und führte zu Unruhe, Unsicherheit, Parteiaustritten, Disziplinproblemen bis hin zu Streiks und beginnenden Auflösungserscheinungen.[63] Schon die Regierung Modrow reagierte hierauf mit Abschmelzungsprozessen (Verkürzung der Wehrpflicht), Einsetzung einer Militärreformkommission[64] und weitgehenden inneren Reformen (Abbau der Parteidominanz und Unterstellung unter die Volkskammer), Umwandlung der Grenztruppen in eine Grenzpolizei und Einführung eines Zivildienstes.[65]

Die entscheidende Weichenstellung waren dann die freien Wahlen am 18. März. Diese erbrachten, obwohl noch unter sowjetischer Besatzung und Kontrolle des inzwischen allerdings gemäßigten SED-Regimes (Modrow) ohne Beeinflussung vom „Westen", ein überwältigendes Mandat des Volkes für den Anschluss an die Bundesrepublik und damit die Auflösung der DDR, was die Volkskammer am 23.August mit Wirkung zum 3. Oktober 1990 beschloss.[66] Dies hatte die am 12. April ins Amt gekommene Regierung de Maizière nur noch zu vollziehen.[67]

Dies warf auch das Problem auf, wie mit der NVA umzugehen sei. Während die Bundesrepublik alsbald auf ein Deutschland und eine Armee hinarbeitete,[68] gab es in der DDR-Regierung durchaus Vorstellungen, die insbesondere Rainer Eppelmann, „Abrüstungs- und Verteidigungsminister",[69] Pfarrer und ehemaliger Bausoldat, propagierte,

---

[62] Digutsch, Armee, S. 454f, 462; Lapp, S. 38.

[63] Digutsch, Armee, S. 490; Heider, S. 429; Lapp S. 14f; Studenten der Akademie Friedrich Engels prägten zur Bundeswehr den Leitsatz: „Nicht Feind, nicht Gegner, sondern Partner", zitiert nach Heider, S. 429.

[64] Digutsch, Armee, S. 456ff; Leonhard S. 459.

[65] Lapp, S. 14ff.

[66] Wortlaut bei Pommerin, S. 301.

[67] Ablauf und Zeitplan z.B. BMVg, Armee der Einheit, S. S. 6ff; Heinze, S. 273f; Schönbohm, S. 417.

[68] BMVg, Weißbuch 94, Arg. S. 15; Digutsch, Armee, S. 464ff; Schönbohm, S. 407ff.

[69] Zur Amtsbezeichnung Digutsch, Armee, S. 463.

eine verkleinerte und irgendwie eigenständige NVA zunächst beizu-
behalten - er hatte schon neue Uniformen entwerfen lassen(!),[70] zumal
DDR und NVA ja noch sowjetisch besetzt und in den Warschauer
Pakt eingebettet waren. Um dem Rechnung zu tragen, setzte Eppel-
mann die Reformen der Vorgängerregierung fort, besetzte die wichtigsten Positionen mit neuen Generalen und ließ, um die moralische
Bindung mit der neuen politischen Lage in Einklang zu bringen, die
NVA-Angehörigen von dem alten, Kommunismus- und SED-lastigen
Eid entbinden und führte nach der von der Volkskammer am 26.
April beschlossenen neuen, demokratischen Formel demonstrativ am
20. Juli eine Neuvereidigung durch.[71] Die DDR-Position wurde hin-
fällig durch die Kohl-Gorbatschow-Verhandlungen im Kaukasus vom
14.-16. Juli 1990, die Gesamtdeutschlands volle Souveränität und Zugehörigkeit zur NATO und den Abzug der sowjetischen Truppen bei
Verkleinerung der gesamtdeutschen Streitkräfte auf 370 000 Mann
erbrachten, wobei die in Ostdeutschland stationierten Truppen erst
nach Abzug der sowjetischen Streitkräfte der NATO unterstellt werden durften.[72] Diese Regelungen wurden im „2+4-Vertrag" vom 12.
September 1990 und der KSZE-Konferenz bestätigt.[73] Mit Wirkung
zum 1. September schied die NVA aus dem „diensthabenden System"
des Warschauer Paktes aus[74] und am 24. September erfolgte auch
völkerrechtlich mit Wirkung zum 1. Oktober die Herauslösung der
DDR aus dem in Auflösung befindlichen Warschauer Pakt;[75] die
DDR und NVA wechselten also politisch und völkerrechtlich gewis-
sermaßen die „Front". Dabei wurde auch über Modelle des allmähli-

---

[70] Carl, S. 457; Digutsch, Armee, S. 463, 465; Lapp, S. 8, 35; Scheven, Die
Bundeswehr und der Aufbau Ost, in: Thoß, Vom Kalten Krieg zur Deutschen
Einheit, zukünftig abgekürzt Aufbau Ost, S. 485; Schönbohm, S. 407ff.
[71] Von der Bundeswehrführung kritisiert, da sie auch der „neuen" NVA das
moralische Recht absprach, sich auf die Tradition des 20. Juli zu berufen, und von
der baldigen Auflösung der NVA ausging, Heinze, S.59; Lapp, S. 16f; Wortlaut der
Eidesformel Paul Heider, „Nicht Feind, nicht Gegner, sondern Partner, S. 432, in:
Vom kalten Krieg zur deutschen Einheit, München 1995.
[72] Heider, S. 446; Lapp, S. 9f.
[73] Ergebnisse und Rückführungsziele bei Waffensystemen BMVg, Einheit, S. 10;
Clement/Jöris, S. 110f.
[74] Digutsch, Personelle Integration der NVA, künftig abgekürzt Integration, S. 176.
[75] Lapp, S. 12; Scheven, Bundeswehr, S. 442.

chen Zusammenwachsens von zwei Armeen oder eine gleichsam aus zwei Kontingenten zusammenzusetzende neue Bundeswehr diskutiert[76] - auch hier wurde wieder der Status der Bayrischen Armee nach 1871 bemüht. Doch fehlte hierfür die politische Grundlage. Im allgemeinen Rausch von Revolution und Anschluss einerseits und der bisherigen ideologischen Aufladung andererseits bestand vor allem weder in West noch Ost eine Neigung wesentliche Elemente der DDR beizubehalten. Dies galt erst recht für die NVA, die als Instrument von Unterdrückung, Indoktrination und Angriffspotential geradezu Symbol des Kalten Krieges war. Schließlich scheiterte auch die Option, die NVA zwar in die Bundeswehr zu überführen, aber abgesehen von Führung und Großverbänden ihre Einheiten und Verbände teilweise bestehen zu lassen und so 50 - 70 000 Mann „NVA", etwa 15% der vereinbarten Gesamtstärke, zu „erhalten".[77] Denn anders als 1938 fiel die Wiedervereinigung nicht in eine Aufrüstung, sondern außen- wie innenpolitisch in eine große Abrüstungsbewegung, so dass es einerseits von Zahl und Kampfkraft her gesehen kein Interesse gab, größere Teile der NVA aufrecht zu erhalten; andererseits verhielten sich Bundeswehr und NVA wie kommunizierende Röhren: so entstand die hochwirksame Formel, „für jeden übernommenen NVA-Soldat muss ein Bundeswehrsoldat zusätzlich abgebaut" werden.[78] Dies war zwar nicht falsch, bringt aber die einseitige Bevorzugung der Bundeswehr gegenüber den NVA-Angehörigen zum Ausdruck. So hatte sich nicht nur die Linie „ein Staat, eine Armee" (Stoltenberg) durchgesetzt, sondern auch die völlige Auflösung der NVA wurde „alternativlos".[79]

Andererseits wurde angesichts der schwierigen Situation in der NVA die Gefahr gesehen, dass es bei einer schlagartigen und vollständigen Auflösung der NVA zu einem Auseinanderbrechen und spektakulären Protestaktionen von NVA-Offizieren kommen könnte, die ja

---

[76] Digutsch, Integration, S. 176.
[77] Lement/Jöris, S. 111; Digutsch, Integration, S. 176; Lapp, S. 10.
[78] Meinst zustimmend gebraucht, z.B. Schönbohm, S. 411; kritisch Lapp, S. 25: „wenn die Futterstellen eng werden, denkt jeder an sich selbst zuerst".
[79] Die westdeutsche Linie, hier zitiert nach Pommerin, S. 300; ähnlich Digutsch, Armee, S. 664f.

auch nach Linientreue ausgewählt und befördert worden waren. So wurden „Chaos" durch „Hinschmeißen" und immerhin auch Sabotageakte, Schiffsversenkungen, Massenselbstmorde und regionale Putsche nicht für unmöglich gehalten.[80] Immerhin verfügte die NVA noch über ihr gesamtes Waffenarsenal samt Munition. Auch der NVA-Führung lag sehr daran, ein Chaos zu verhindern und die NVA halbwegs intakt in den Vereinigungsprozess zu integrieren.[81] So regelte der Einigungsvertrag vom 31. August zwar die Auflösung der NVA, sah aber die Übernahme von NVA-Personal in die Bundeswehr vor.

Damit würden zwar alle noch vorhandenen NVA-Soldaten am 3. Oktober Angehörige der Bundeswehr. Dieser waren der aber alle Möglichkeiten eröffnet, sie alsbald zu entlassen.[82] Damit war die „Abwicklung" des NVA-Personals offiziell besiegelt, diese würde aber nur schrittweise nach einem noch zu entwickelnden Zeitplan erfolgen.[83] So sollten zahlreiche Verbände unterhalb der Divisionsebene zunächst noch unter dem Kommando ihrer NVA-Offiziere bestehen bleiben und erst nach und nach abgewickelt werden.[84]

Im Übrigen war die Abwicklung schon im vollem Gange:[85] Bereits ab Anfang 1990 wurde die NVA laufend verkleinert; außer der Verkürzung der Wehrpflicht schieden immer mehr, vor allem höhere, Offiziere „auf eigenen Wunsch" aus, Verbleibende wurden einem „Entfeindungsprogramm" unter Bundeswehrregie unterzogen.[86] Weiter wurden ein Einstellungsstopp verfügt für alle Offiziersanwärter sowie ein Beförderungsstopp für alle Offiziere oberhalb Hauptmann. Es kam zu drastischen Kürzungen im Verteidigungshaushalt; Beschaffungen von modernem Gerät wurden storniert, die neu gelieferte modernste Flugabwehrausrüstung wurde, wie zwischen Kohl und Gorbatschow vereinbart, unausgewertet an die Sowjetunion zurückgegeben[87] und am 17. August nahm eine „Verbindungsgruppe" von 20

---

[80] Digutsch, Armee, S. 467; Lapp, S. 14ff.
[81] Leonhard, S. 460; Schönbohm, S. 415.
[82] Lapp, S. 19f.
[83] Huin, S. 176.
[84] Digutsch, Armee, S. 467; Heinze, S. 5; s.u. S. 35.
[85] Pommerin, S. 300ff.
[86] Heider, S. 437; Lapp, S. 9, 25.
[87] S.u. S. 40.

Mitarbeitern aus Ministerium und Bundeswehr im DDR-Verteidigungsministerium die Arbeit auf.[88] Nach Befehl vom 30. August kam es endlich zur Abgabe der Munition bis zum 18. September und damit der faktischen Entwaffnung und, neben mehreren anderen Maßnahmen, mit dem Abbau der Bereitschaft faktisch zum Ende der Einsatzfähigkeit.[89] Nachdem Minister Rainer Eppelmann bereits die höchsten Kommandoposten der NVA neu besetzt und so die Führung ausgetauscht hatte[90] und zum 30. August eine „Verbindungsgruppe" (Brigadegenerale Richter und Simon) der Bundeswehr zum DDR-Abrüstungs- und Verteidigungsministerium tätig geworden war, kam es bereits am 15. September zur förmlichen und symbolischen Übergabe der höchsten Kommandopositionen von Heer, Luftwaffe und Volksmarine an Bundeswehr-Generale und Admirale.[91] Mit Tagesbefehl vom 2. Oktober schließlich, am Tag vor der Wiedervereinigung, offiziell um 24 Uhr, löste Eppelmann die NVA auf;[92] in einer entsprechenden Zeremonie wurden die Fahnen der DDR eingeholt. So fand die NVA, den Umständen entsprechend, ein Ende - offiziell in einer Weise, das ihren Angehörigen ermöglichen sollte, nicht als Besiegte, sondern mit Anstand und Würde erhobenen Hauptes in der wiedervereinigten Bundesrepublik anzukommen.

Am 3. Oktober dann wehten die Fahnen und Symbole von Bundesrepublik und Bundeswehr über allen NVA-Objekten. Für den weiteren Abwicklungsprozess war aus 1 200 Offizieren und 800 Unteroffizieren und 250 Beamten das Kommando Ost mit Sitz im ehemaligen DDR-Verteidigungsministerium (Strausberg) gebildet worden, womit am gleichen Tag (der in Neu Golm geborene!) Generalleutnant Jörg Schönbohm den Oberbefehl über alle noch vorhandenen Einheiten der NVA übernahm.[93] Auch aus westdeutscher und militärhistori-

---

[88] Heinze, S. 53; Schönbohm S. 409; 22 Mitglieder nach Johanny, Wehrverwaltung, S. 394.
[89] Digutsch, Integration, S. 177; Schönbohm, S. 415.
[90] Digutsch, Armee, S. 467.
[91] Digutsch, Integration, S. 178.
[92] Digutsch, Armee, S. 468.
[93] Datum allg. Ans.; BMVg, Weißbuch 94, S. 19; Lapp, S. 27; Pommerin, S. 300; insoweit falsch BMVg, Armee der Einheit, S.9, 11, das dies Kommando bereits auf den 30. August datiert und offenbar mit dem Verbindungskommando verwechselt; zur Festveranstaltung Heinze, S. 59.

scher Sicht war dies ein Novum: Zum ersten Mal bestand ein militärischer Oberbefehl über sämtliche Teilstreitkräfte.[94]

---

[94] Heinze, S. 54; seinerseits unterstand er dem stellvertretenden Generalinspekteur.

3. Die Behandlung der Armeen der aufgelösten Staaten

a) Organisation

aa) Übernahme des Bundesheeres in die Wehrmacht

Nachdem der Gedanke eines föderativen Statusses für Österreich verworfen war,[95] hatte auch das Modell eines (vorübergehenden) Sonderstatusses für das Bundesheer, das auch der deutsche Generalstab favorisiert hätte,[96] keine Chance mehr: Bereits am 13. März wird das Bundesheer in die Wehrmacht überführt und unter den Befehl Hitlers gestellt,[97] es besteht also rechtlich nicht mehr.

Um auch moralisch und gewissensmäßig jede Eigenständigkeit zu brechen, erfolgte - überstürzt und nach dem Schneeballsystem bereits am 13. und 14. März(!) - die **Neuvereidigung** des Bundesheeres auf Hitler; der Versuch, eine an der österreichischen Tradition orientierte „mildere" Version zu verwenden, war am deutschen Druck gescheitert.[98] Auch im Übrigen wurde der „Anschluss" zum Diktat. Es regierte die Gleichschaltung mit der Wehrmacht und die „Wehrmachtswalze" rollte über das Bundesheer hinweg. Erleichtert wurde die Übernahme einerseits durch die traditionelle Freundschaft und Kampfgenossenschaft der Besiegten mit zahlreichen fachlichen und persönlichen „Vernetzungen"[99] sowie die aggressive deutsche Außenpolitik andererseits: Das Deutsche Reich befand sich in einer ausgeprägten Aufrüstungsphase, die, zumindest nachträglich, die Vorbereitung für den Zweiten Weltkrieg war. Der „Anschluss" Österreichs sollte deshalb nicht nur ein historisches Ziel und eine politische und wirtschaftliche Machterweiterung sein, sondern insbesondere auch die Militärmacht „Großdeutschlands" stärken. Es war deshalb klar, dass im Grundsatz das ganze Bundesheer übernommen werden sollte. Grenze waren allerdings politische und ideologische Festlegungen, die

---

[95] S.o. S. 21.

[96] Gschaider, S. 184ff.

[97] Einzelereignisse und Zeittafel Gschaider S. 115ff; zur staatsrechtlichen Realisierung unter Abdruck der Vollzugsverfügungen Benoist-Méchin, S. 285ff und Gschaider, S. 189ff, 197ff einschließlich der Folgegesetze.

[98] Fritz, S. 25; Stein, S. 4; Wortlaut Gschaider, S. 118.

[99] Gschaider, S. 138ff.

sich vor allem im Personalbereich, insbesondere in höheren Personalrängen, auswirkten:

Bei kompletter Übernahme der Infrastruktur wurde nicht nur die Organisation der Wehrmacht, sondern auch deren gesamtes militärisches System wie Truppengliederung, Führungsgrundsätze, Dienstgrade, Ausbildungssystem, Vorschriften/Richtlinien usw. uneingeschränkt auf das Bundesheer übertragen:

Das Bundesministerium für Landesverteidigung wurde alsbald aufgelöst und seine Aufgaben auf das OKH bzw. das OKW übertragen, das eine „Verbindungsstelle Wien" (Oberst Warlimont) bildete.[100] In der deutschen Systematik wurden das Gruppenkommando 5 (von Bock) - immerhin identisch mit Österreich! - und die Wehrkreise/Armeekorps (eine im Bundesheer nicht vorhandene Ebene), XVII Ostösterreich (Wien) und XVIII Westösterreich (Salzburg),[101] neu gebildet, ersteres unter reichsdeutschem Kommando, letzteres unter dem Österreicher und entsprechend beförderten General Eugen Beyer.[102] Die deutschen Korps, die den Einmarsch durchgeführt hatten, wurden mit Masse noch im März abgezogen; in Österreich blieben nur einzelne Verbände und insbesondere die 2. Panzerdivision (Wien), alsbald mit der 4. leichten, ehemals schnellen österreichischen, Division zum XIX. Panzer-Korps verbunden, wobei das Personal zunehmend aus Österreichern zusammengesetzt/rekrutiert wurde. Durch Zusammenfassung wurden die österreichischen Großverbände unter Verkleinerung der Zahl auf 5 Divisionen in deutscher Divisionsgliederung umgegliedert.[103] Die Militärakademie, das Theresianum in Wiener Neustadt, wurde, unter Zurückfahren der akademischen Ausrichtung, in eine deutsche Kriegsschule umgewandelt, Komman-

---

[100] Gschaider, S. 206ff.

[101] wegen der Wehrgeographie (Alpen) faktisch Nord- und Südösterreich, mit den Schwerpunkten Nordösterreich Infanterie, Südösterreich Gebirgstruppen, Raum Wien mechanisierte/motorisierte Verbände, Gschaider, S. 208ff, Anl. 10; Grischany, S. 59.

[102] Gschaider, S. 127, 187, 208ff mit Übersicht über die weiteren Heereseinrichtungen, zu Gen Beyer S. 268.

[103] Zu Einzelheiten und zur Dislozierung Gschaider, S. 187f, Einzelheiten S. 217ff, Anl. 22 (hinter S. 366).

deur wurde zum 1. Oktober Oberst, alsbald Generalmajor, Manfred Rommel.[104]

Unter zahlenmäßiger Verstärkung wurde auch die Luftwaffe entsprechend dem deutschen Modell gegliedert, Luftwaffenkommando in Österreich (GL Löhr), später zur Luftflotte 4, auch für Schlesien, das Sudetenland sowie Böhmen und Mähren zuständig.[105] Da hier wegen der nur kleinen österreichischen Luftwaffe der Bedarf besonders hoch war, wurden reichsdeutsche Einheiten nach Österreich verlegt und ¼ der übernommenen österreichischen Heeresoffiziere zur Luftwaffe versetzt[106].

Selbst die Marine wurde aktiv und baute um ein paar österreichische Wachboote die traditionsreiche „Donauflottille" (wieder) auf.[107] Auch die Wehrersatzorganisation wurde nach deutschem Muster ausgebaut und optimiert.[108]

Offiziell war eine „Übergangszeit" nicht vorgesehen; es war aber klar, dass die organisatorische und rechtliche Gleichschaltung aller wesentlichen Komponenten einige Zeit in Anspruch nehmen würde. Diese Phase dauerte faktisch, „gestört" durch den Einmarsch in das Sudetenland, bis Anfang November.[109] Danach und im Kriege gab es dann keine „österreichischen" Verbände mehr, aber natürlich in Österreich aufgestellte und beheimatete Verbände, die zum größeren Teil aus Österreichern bestanden - so, wie es nach 1919 keine bayrischen, württembergischen und sächsischen Verbände mehr gab, aber bei den dort stationierten Verbänden die Landsmannschaft noch eine starke Rolle spielte.

bb) Reste der NVA in der Bundeswehr

Durch den Einigungsvertrag wurde die NVA juristisch aufgelöst; die Bundeswehr ist nicht deren Rechtsnachfolger.

---

[104] Gschaider, S. 212f.

[105] Gschaider, S. 225ff; Neugebauer, S. 291.

[106] Gschaider, S. 267, Anl. 16,18.

[107] Gschaider, S. 229f.

[108] Gschaider, S. 231ff, Anl. 15, S. 313ff, 363ff; Heeresgeschichtliches Museum S. 11.

[109] Gschaider, S. 134, 218ff.

Wie 1938 wurde die Führungsorganisation und Gliederung der Bundeswehr auf die Neuen Länder übertragen, natürlich mit einer Übergangszeit, in der allerdings diesmal, anders als 1938, die NVA-Verbände und -Einrichtungen nicht (nur) umzubauen und umzurüsten, sondern im Wesentlichen abzubauen waren. Die Pläne und Maßnahmen wurden noch dadurch erschwert, dass parallel auch die Bundeswehr zu verkleinern und gleichzeitig auf eine Neustruktur, jetzt die „Heeresstruktur 5 N", (N=Nachtrag, Anpassung an die Wiedervereinigung) umzugliedern war. Hier hatte das Kommando Ost eine echte Pilotfunktion und einen wichtigen Beitrag zum „Aufbau Ost" zu leisten.[110]

Die Grenztruppen wurden aufgelöst.[111] Ebenso sofort aufgelöst wurden 58 Dienststellen und Einrichtungen, darunter verständlicherweise die Militärjustiz der NVA.[112] Aufgelöst wurde aber auch die leistungsfähige und gut ausgestattete „Zivilverteidigung".[113]

Das BMVg bildete die Außenstelle Straußberg, später den „Berliner Dienstsitz" im Bendlerblock.[114]

Die neue Führungsorganisation veränderte sich häufig infolge der Verkleinerung und der späteren Tendenz zur Internationalisierung. Unter dem Bundeswehrkommando Ost wurden planmäßig Führungskommandos für Heer, Luftwaffe und Marine aufgebaut. Nachdem schon zum 1. April die Verantwortung auf die Teilstreitkräfte übergegangen war, wurde zum 1. Juli 1991 das Kommando Ost zum Heereskommando Ost, später zu Korps und Territorialkommando Ost und dann IV. Korps (in Potsdam) „downgesized".[115] Nachgeordnet wurden die Divisions-/Wehrbereichskommandos VII (Leipzig) und VIII (Neubrandenburg). Die diesen unterstellten Brigaden und Regimenter wurden auf Grund der Vertragslage bis zum Abzug der sowjetischen Armee (nur) als Heimatschutzverbände klassifiziert, waren also zunächst keine NATO-Truppen. Um das Umstellungs-

---

[110] Heinze, S. 115f, 124, 173f.

[111] 4 200 Mann wurden mit Sonderstatus bis zum Abbau der Grenzsicherungen übernommen, Lapp, S. 22.

[112] Lapp, S. 59f.

[113] Scheven, Aufbau Ost, S. 480.

[114] BMVg, Armee der Einheit, S. 17.

[115] BMVg, Armee der Einheit, S. 12; Digutsch, Integration, S. 181; Lapp, S. 28f; Weißbuch 1994, S. 19f mit Skizzen zu Dislozierung und Verlegeplan.

und Auswahlverfahren nicht zu überstürzen, organisatorische Friktionen zu mildern und mögliche Überreaktionen der Betroffenen zu vermeiden blieben in der Übergangszeit unterhalb der Divisionsebene unter dem Kommando des BMVg und von Bundeswehrgeneralen in den hohen Führungspositionen zahlreiche Verbände der NVA zunächst bestehen und 30% der Regimenter und 50% der Bataillone wurden weiterhin von ihren NVA-Kommandeuren geführt, denen allerdings „zu ihrer Unterstützung" 450 Beratungsteams mit 2 000 Offizieren und Unteroffizieren der Bundeswehr beigegeben wurden.[116] Die Planstärke der Heeresteile betrug zunächst 40 000 Mann.

Die Luftwaffe bildete die Luftwaffendivision 5 (Eggersdorf); neben „importiertem" Bundeswehrmaterial übernahm sie das NVA-Jagdgeschwader 3 (Preschen) mit einer Staffel MiG 29. Die Planstärke betrug zunächst 8 000 Mann. Die Marine bildete ein Marinekommando (Rostock) mit 2 000 Mann im Wesentlichen für Logistik und Führungseinrichtungen. Vorübergehend bis zum 31. Dezember wurde aus 12 Booten der NVA-Marine ein Küstenwachgeschwader unterhalten.

Parallel wurden die verbliebenen Verbände der NVA schrittweise abgebaut. So wurden ihre 873 Truppenteile auf 450 reduziert. Dabei erhielt jeder im Osten verbleibende einen westdeutschen Verband als „Couleur" (Patenschaft) zur Unterstützung auf dem „kleinen Dienstweg" zugewiesen.[117]

Abzuwickeln waren auch die zahlreichen Service-Einrichtungen der NVA, die dem in den sozialistischen Ländern üblichen Autarkie- und Abschottungsdenken entsprangen und im westlichen Modell des „Militärs in der Demokratie" keine Entsprechung haben. So unterhielt die NVA für ihre Angehörigen eigene Kindergärten, eigene Geschäfte (MHO, M=Militär), Wohnungen, Jagdreviere, Sportvereine, Kinos, Theater, Erholungsheime und Hotels, allerdings teilweise nur für (höhere) Offiziere.[118]

---

[116] Digutsch, Integration, S. 177; derselbe, Armee, S. 467; Heinze, S. 5; Lapp, S. 21f.
[117] Heinze, S.76, 83; Scheven, Aufbau Ost, S. 485.
[118] Digutsch, Armee, S. 459; Lapp, S. 29; Scheven, Die Bundeswehr und der Aufbau Ost, in: Vom Kalten Krieg zur Deutschen Einheit, künftig abgekürzt „Aufbau Ost", S. 482.

In den Neuen Ländern wurden insgesamt 14 Bundeswehreinrichtungen mit 8 000 Planstellen neu angesiedelt, die spektakulärsten davon die Offiziersschule des Heeres und das Militärhistorische Museum jeweils in Dresden, das Militärhistorische Forschungsamt in Potsdam und das Institut für Sozialwissenschaften in Straußberg. Nach westdeutschem Vorbild war in den Neuen Ländern die Bundeswehrverwaltung (Art. 87 b GG) neu aufzubauen;[119] auch das Bundesamt für Wehrtechnik und Beschaffung eröffnete eine Außenstelle. Für die Infrastruktur von Bundeswehr und Region erfreuliche Maßnahmen, aber insgesamt fand eben doch ein beträchtlicher Abbau statt und die Neuen Länder - und Berlin! - bleiben an Zahl und Personal unterrepräsentiert.

b) Ausrüstung und Waffen

aa) Übernahme des Bundesheeres in die Wehrmacht

Parallel zu Vergrößerung und Umbau lief natürlich die Ausstattung der „österreichischen" Verbände mit deutschen Waffen, Munition, Gerät, Uniformen und Ausstattung usw., die, abgesehen von den bekannten Beispielen,[120] vielfach moderner und effektiver waren. Dies vermittelte den verbleibenden Österreichern zweifellos die Genugtuung, jetzt Teil der Armee einer Großmacht zu sein.[121]

Parallel verschwand aber alles Österreichische: Wehrmachtsuniform, Wehrmachtsstahlhelm und Symbole (Fahnen, Wappen, …) wurden - unnötigerweise - sofort verbindlich, um die Einheitlichkeit zu betonen und eine kollektive österreichische Identität und Tradition zu vermeiden.[122] Da aber zunächst nicht genügend deutsche Uniformen und Stahlhelme verfügbar waren, entstanden in den ersten Monaten „kreative" Kombinationen und Zwischenlösungen.[123]

Die Liegenschaften des Bundesheeres einschließlich der Dienstwohnungen u.ä. wurden selbstverständlich nicht nur weiterhin voll ge-

---

[119] BMVg, Armee der Einheit, S. 17; Karl Johanny, Wehrverwaltung in den neuen Ländern und Berlin, künftig abgekürzt „Wehrverwaltung", in: Vom Kalten Krieg zur deutschen Einheit, S. 393ff; Scheven, Aufbau Ost, S. 481.

[120] S.o. 2.a); s.u. nächste Seite.

[121] Gschaider, S. 307.

[122] Gschaider, S. 370.

[123] Fotodokumentation Heeresgeschichtliches Museum, insbes. S. 97ff vs. 155ff, 178ff (insoweit wohl unzutreffend Grischany, S. 69f).

nutzt - letztere von den „Altlasten", d.h. den bisherigen Nutzern, geräumt[124] - sondern entsprechend dem gesteigerten Bedarf ausgebaut. Überall wurden „Beutekommandos" der Wehrmacht eingesetzt, die die Waffen des Bundesheeres sicherstellen sollten - binnen weniger Tage reifte allerdings die Erkenntnis, dass diese Bezeichnung wenig einfühlsam und psychologisch nicht hilfreich war und die Bezeichnung wurde abgeschafft.[125] Trotz der Aufrüstung und des riesigen Bedarfs der Wehrmacht wurden vom Bundesheer aber außer den modernen Gebirgshaubitzen[126] und einem Großteil der (geländegängigen) LKW zunächst Waffen und Gerät nicht in die Wehrmacht übernommen. Dies auch dann, wenn die Wehrmacht „eigentlich" Bedarf daran gehabt hätte. Bekannteste Beispiele sind die schon erwähnten 4,7 cm „Infanteriekanone" (Pak), die großen Nutzen zu Beginn des Russland-Feldzuges hätte bringen können, als die deutsche 3,7-Pak durch die russischen KW- und T 34-Panzer zum „Panzeranklopfgerät" degradiert war, die Motorkaretten, die im Freien vergammelten, bis sie 1941 zufällig als ideales Fahrzeug für Nordlappland wiederentdeckt wurden, die MPi 34, die sich Österreicher noch im Russlandfeldzug aus den Depots „besorgt" haben, und die (schwedische) 4 cm Bofors-Flak-Maschinenkanone.[127] Ein kleinerer Teil der nicht übernommenen Waffen wurde ans Ausland, zumeist nach Ungarn, verkauft,[128] die Masse wurde eingelagert und später im Krieg doch noch eingesetzt.

Die restriktive „Übernahmepolitik" trotz großen Bedarfs zeigt einerseits das Gewicht, das bei Waffen den Problemen Standardisierung, Ausbildung, Logistik und Instandhaltung beizumessen ist und hat damit eine objektive Seite. So stimmten bei fast allen Infanteriewaffen Kaliber und Munitionsart nicht überein. Auch spiegeln sich bei Waffen und Ausrüstung unterschiedliche Konzepte wider, die nicht ohne weiteres kombiniert werden können. Bei der Übernahme einer österreichischen Waffe in die Wehrmacht hätte entweder auf die Standardisierung mit den genannten Problemen verzichtet werden müssen

---

[124] Gschaider, S. 329ff; Jansa, S. 679.
[125] Steinböck, S. 109.
[126] Gschaider, S. 221.
[127] Eschmann, S. 23, 34; Grischany, S. 76; Gschaider, S. 309ff; s.o. 2.a).
[128] Steinböck, S. 110.

oder es hätte die 10fache Anzahl beschafft werden müssen mit entsprechenden Problemen im Beschaffungsvorgang. So kam es auch im „Deutschen Heer" nach 1871 trotz der Kontingentsherrlichkeit der süddeutschen Königreiche zu einer faktischen Standardisierung, auch wenn das Kaiserreich hierfür fast bis zum Weltkrieg brauchte.[129] Aus den gleichen Überlegungen war auch die Bundeswehr sehr restriktiv bei der Übernahme von Waffensystemen der NVA. Doch gab es in allen diesen Fällen auch psychologische und ideologische Motive, wie noch gezeigt werden wird.[130]

bb) Reste der NVA in der Bundeswehr
Sofort wurden auch hier, noch konsequenter als 1938, Uniform, Stahlhelm, Symbole u.ä. durch die der Bundeswehr ersetzt. Bei diesem „Maskenball" kam es zunächst zu den gleichen unvermeidlichen Engpässen, die wiederum zu Improvisationen zwangen: so standen zunächst nicht genug Uniformen (Dienstanzüge) zur Verfügung, sodass alle Soldaten des Kommandos Ost vom Wehrpflichtigen bis zu General Schönbohm den Feldanzug NATO-oliv tragen mussten,[131] um die optische Zwei-Klassen-Gesellschaft zu vermeiden.
Von den fast 2 300 NVA-Objekten/Liegenschaften mit weit über 500 000 Hektar, das sind mehrere Prozent des Territoriums,[132] waren entsprechend der Verkleinerung über 1 200 abzubauen, was ein Konversionsproblem bisher nicht bekannten Ausmaßes bedeutete. Die High-Tech-Bunker von Regierung und NVA wurden zugeschüttet(!),[133] nur 9 von 80 Truppenübungsplätzen wurden übernommen.[134] Aber auch die zu übernehmenden Kasernen, insbesondere Küchen und sanitäre Anlagen, waren völlig heruntergekommen - Duschen war nur einmal in der Woche möglich, die Soldaten behalfen sich mit Schüsseln mit improvisiert aufgewärmtem Wasser.[135] Die Bundeswehr

---

[129] Welz, Veröffentlichung in Vorbereitung, 6.g).
[130] S.u. 4.b) und c).
[131] Scheven, Bundeswehr, S. 445; Schönbohm, S. 411; außer für die Marine, wo die Unterschiede kaum erkennbar waren, und die Unterwäsche war weiterhin von der NVA; Carl, S. 459.
[132] Heinze, S. 245.
[133] Heinze, S. 86ff; Johanny, Wehrverwaltung, S. 399.
[134] Heinze, S. 67; Lapp, S. 27, 29.
[135] Heinze, S. 57.

schicke deshalb Grundwehrdienstleistende aus Westdeutschland bis zur Sanierung nicht in den Osten.[136] Hier wurden zunächst die Lebens- und Arbeitsbedingungen für die Soldaten verbessert;[137] ein Sonderproblem waren die Heizungsanlagen, die von „Presskohle" sofort auf umweltfreundlicheren Betrieb umzustellen waren. Jedenfalls waren in den Komplex Unterkünfte/Liegenschaften Milliarden zu investieren, um Bundeswehr-Standards herzustellen. Vergleichsweise geräuschlos dagegen hat die Bundeswehr von der NVA für 1,2 Mrd. Mark Sanitätsmaterial übernommen und für wohltätige Zwecke abgegeben.[138]

Anders als die Liegenschaften waren Waffen und Gerät der NVA in hervorragendem Zustand[139] und brachten Überraschungen bezüglich der Menge - entsprechende Ausstattung war auch für Reserve, Kampfgruppen, GST u.ä. vorgehalten worden[140] - und teilweise auch der Qualität.[141] Die Bundeswehr ordnete das Material nach der Weiterverwendungsmöglichkeit in drei Kategorien:[142] Kategorie I waren die in die Bundeswehr zu übernehmenden Waffen. Hier bestätigten sich wieder die schon für 1938 analysierten Probleme mit Ausbildung, Standardisierung, (Sicherheits)Vorschriften, Logistik und Instandhaltung, um „Beutewaffen" sinnvoll in eine andere Armee zu übernehmen, auch wenn Qualität und Effizienz mancher Systeme durchaus bewundert wurden; allerdings dürfte auch eine beachtliche Arroganz mitgespielt haben[143] und DIN-Normen und „Vorschriften" sind natürlich auch ein Tummelfeld für Bürokraten, Bedenkenträger und Verhinderer.[144] So wurden schließlich in die Bundeswehr nur übernommen 20 000 LKW und, nach vielen Umbauten, 764 Schützenpanzer BMP 1 (mit sehr reduzierter Ausstattung und peinlichen Ver-

---

[136] Lapp, S. 32; Pommerin, S. 30.
[137] Heinze, S. 269.
[138] Heinze, S. Heinze, S. 217.
[139] Lapp, S. 30; Weißbuch 94, S. 17.
[140] Digutsch, Armee, S. 473; Heinze, S. 235
[141] Marx, S. 184; Scheven, Aufbau Ost, S. 480.
[142] Lapp, S. 30f.
[143] Zitat von Gen. Reinhardt bei Digutsch, Armee, S. 473.
[144] Marx, S. 184; Pommerin, S. 266; Beispielen für Verhinderungsstilblüten Marx, S. 195.

wendungsbeschränkungen, max. 20 km/h).[145] Es blieben neben einigen Transportflugzeugen und Hubschraubern als echter Gewinn eigentlich nur die - erst im Mai 89 gelieferten - 24 MiG 29. Deren mindestens gleichrangige Qualität zu den Spitzenprodukten der NATO-Länder war nicht zu bezweifeln, allerdings mussten sie erst „germanisiert", d.h. auf Standard der ICAO umgestellt[146] und für die Wartung ein Unterstützungsabkommen mit den russischen Streitkräften geschlossen werden. Dabei ist auch hervorzuheben, dass bei der Luftwaffe die „Sprache" von Russisch auf Englisch wechseln musste[147]. Dies gilt auch für das elektronische Gerät zur Luftverteidigung; die „besten Stücke" von großem Geheimhaltungswert gingen aber, wie von Kohl zugesagt, unausgewertet an die Sowjetunion zurück.[148]

Allerdings hatten Bundeswehr und andere NATO-Staaten großes Interesse an Einzelexemplaren nicht zuletzt zu Analyse-, Test- und Erprobungszwecken und wurden großzügig bedient, z.B. die USA im Golfkrieg.[149] Selten in der Geschichte konnte eine „feindliche" Armee so analysiert und seziert werden wie die NVA,[150] was natürlich der sowjetischen Generalität entsprechende „Bauchschmerzen" bereitete.

Für die verbleibende Ausstattung (Kategorien II und III) wurden Wartung und Pflege von einem auf den anderen Tag eingestellt. Es wurden eine eigene Verwertungsorganisation gebildet und „Verwertungslager" angelegt. Trotzdem konnte von den 1,3 Millionen Gewehren, 300 000 Tonnen Munition, 2 300 Kampfpanzern, 9 000 gepanzerten Fahrzeugen, 134 000 KFZ, 767 Flugzeugen und 208 Schiffen, Massen von Gerät usw. - nur ein Teil an andere Staaten verkauft oder verschenkt werden, da es dort wegen Abrüstung und Friedensdividende an Bedarf und Geld fehlte oder sie nach den Kriterien der Bundesrepublik politisch „non grata" waren. So wurde die Masse

---

[145] ausführliche Darstellung der „Leidensgeschichte" des BMP 1/BMP 1A1 Heinze, S. 102f, 237 und Marx, S. 185.

[146] Speziell zur MiG 29 Digutsch, Armee, S. 474 und Heinze, S. 96ff, 14; natürlich ist das ondit, Grund für die Übernahme sei nicht die Kampfkraft gewesen, sondern die erotische Frauenstimme des Bordcomputers, nur ein Scherz; generell zum Luftwaffengerät der NVA und dessen Verbleib Marx, S. 190.

[147] Heider, S. 98.

[148] Marx, S.192.

[149] Hulin, S. 115; Heinze, S. 236ff, 271.

[150] Marx, S. 184.

verschrottet oder sonst entsorgt[151] - materiell weit unter Wert - 1,76 Mrd. Entsorgungskosten standen 345 Millionen Einnahmen gegenüber[152] - und auch psychologisch durchaus problematisch.

c) Tradition, Identität, Stil und Innere Führung
aa) Übernahme des Bundesheeres in die Wehrmacht

Im Bereich Tradition kam es allerdings mit Österreich - anders als 1990 mit der NVA - zunächst zu einigen mehr als nur symbolischen Gesten: Bei der Vereinigungsparade in Wien am 14. März und anschließenden Truppenbesuchen in mehreren deutschen Städten, darunter einer Begrüßungsparade „Unter den Linden" in Berlin marschierten die österreichischen Verbände mit österreichischen Uniformen und österreichischen Fahnen auf,[153] österreichische Orden durften weiter getragen werden, pensionierte Offiziere durften teilweise weiter österreichische Uniform tragen, die Tradition des Regiments „Hoch- und Deutschmeister" wurde mit der 44. Infanteriedivision als Elite- und Traditionsverband spektakulär gepflegt und der modernste schwere Kreuzer der Kriegsmarine wurde abweichend vom preußisch-deutschen Schema auf den Namen „Prinz Eugen" getauft[154] mit dem Recht, zusätzlich zur offiziellen (Hakenkreuz-) Fahne die alte k.u.k. Kriegsflagge (mit dem Doppeladler) zu führen. Eindrucksvoll war auch die ab jetzt demonstrative Ehrung der Weltkriegsveteranen, der Weltkriegsgefallenen und verdienter Helden, soweit sie nicht dem NS-Konzept widersprachen, was von den Soldaten mit Genugtuung aufgenommen wurde.[155]

Diese spektakulären Einzelbeispiele können aber nicht über die generelle Linie hinwegtäuschen, dass nur noch möglichst wenig vom Bundesheer übrig bleiben sollte, nachdem die Entscheidung über seine

---

[151] Kleinere Abweichungen in den Zahlen; mit Übersichten über den Verbleib Digutsch, Armee, S. 473; Heinze, S. 92, 235ff; Lapp, S. 31; Marx, S. 186f; Weißbuch 94, S. 17.

[152] Digutsch, Armee, S. 474; Pommerin, S. 306; ähnlich Marx, S. 195.

[153] Grell, S. 150, Gschaider, S. 121ff, 166.

[154] Die Taufe erfolgte durch die Ehefrau des ungarischen Reichsverwesers Horty. (Ursprünglich war der Name Tegetthoff, des Siegers von Lissa, vorgesehen, es bestand aber die Sorge, dadurch Mussolini zu verärgern, so dass stattdessen Prinz Eugen gewählt wurde); Gschaider, S. 133; weitere Beispiele Grischany, S. 90, 98f.

[155] Gschaider, S. 164 mit dem Kult um Gen. Alfred Krauss als Beispiel, S. 166.

völlige Gleichschaltung getroffen war.[156] Dementsprechend blieb kein Raum für die spezifische österreichische Traditionspflege - regimentsbezogen und (wieder) auf das Kaiserreich ausgerichtet im Gegensatz zur reichsbezogenen „Traditionsschaffung" der Reichswehr.[157] Wie die Beispiele Uniform, Stahlhelm, Waffen und Ausstattung bereits gezeigt haben, war Einheitlichkeit die Richtschnur der Übernahme. Naturgemäß wurden regelmäßig Sonderwünsche von den Betroffenen oder der Lobby des Bundesheeres an die deutsche Führung herangetragen. Zwar zeigte der deutsche Generalstab Verständnis und Kompromissbereitschaft; vielleicht hätte auch Hitler größere Spielräume gelassen; er hat sich aber in diese Details nicht eingemischt. So setzte sich die Führung - OKW und OKH - durch und schlug alle Sonderwünsche aus, selbst in vergleichsweisen logistisch unproblematischen Kleinigkeiten, die aber durchaus psychologisch wirkmächtig gewesen wären, so z.B. die weitere Führung des österreichischen Seitengewehrs oder des österreichischen Offizierssäbels.[158]

Dies mag sachlich - Einheitlichkeit, Standardisierung - nachvollziehbar sein, bringt aber psychologische Probleme und Befindlichkeiten mit sich, die die Übernehmenden als arrogant und stur erscheinen lassen und so im Ergebnis für die Integration durchaus Nachteile haben.

Die Veränderungen im „Inneren System" - Ton, Stil und Innere Führung - sind ein gutes Beispiel dafür, dass je nach Standpunkt die positiven oder negativen Aspekte betont bzw. die gleichen Tendenzen positiv oder negativ bewertet werden können:

Natürlich hatten sich die Österreicher umzustellen von „Familienbetrieb auf Offizierskorps einer Großmacht."[159] Vor allem wurden der bisher österreichisch-legere Stil und Ton und die „Innere Führung", dem Wehrmachtsstil entsprechend, generell härter, militärischer, eben

---

[156] Gschaider, S. 169, 174, 369ff, der den Gegensatz der Führung in Berlin zum Generalstab und den Offizieren in Österreich stark hervor hebt, aber auch die - negative - Rolle des österreichischen Offizierskorps betont, das zu energischem und geschlossenem Auftreten nicht im Stande war.

[157] Gute Herausarbeitung des Unterschiedes bei Gschaider, S. 377ff.

[158] Gschaider, S. 187, 370; Abb. Heeresgeschichtliches Museum, S. 112; Grischany S. 77.

[159] Gschaider, S. 281, 296f; Grischany, S. 70f, 78f.

„preußisch":[160] So verschwand alsbald das im österreichischen Offizierskorps über alle Dienstgradgruppen hinweg übliche „Du". (Siezen hatte bisher schon als Kritik gegolten.)

Nicht selten äußerte sich der neue Kommiss-Stil (unnötig) betont und durch „Brüllen", was zu wechselseitigen Wertungen wie „Kommisskopp" oder „Schleiferplatzeks" vs. „Scheißostmärker" oder „beleidigte Leberwurst" führte.[161] In der Tat führten sich manche deutsche Offiziere wie Eroberer auf.[162] Dieser Eindruck wurde verstärkt, weil der Wehrmachtsoffizier zu größerer Distanz, ja Arroganz, gegenüber niedrigeren Chargen, insbesondere Unteroffizieren, erzogen war, die er als Untergebene und nicht als Gehilfen wahrnahm, was dem Geist und dem Klima zumindest in Österreich nicht förderlich war.[163] Das war für die Österreicher ärgerlich, wurde aber auch nicht so ganz ernst genommen. Kenner deuteten dies auch als Kompensation eines „jahrhundertealten Minderwertigkeitskomplexes",[164] zumal die österreichischen Offiziere traditionell fachlich, technisch und „zivil" (Fremdsprachen, Allgemeinbildung) höher gebildet waren als ihre deutschen Kameraden, die mehr nach Persönlichkeit und „Charakter" (Kämpfer) ausgesucht und ausgebildet wurden.[165] Sicher war es auch ein Problem von „Unterpersonal der 2. Garnitur", vieler nicht mehr in der Reichswehr „friedensmäßig" ausgebildeter jüngerer Offiziere, verstärkt dadurch, dass häufig, speziell für die dortige Ausbildung, gern solche Wehrmachtsoffiziere nach Österreich „abgeschoben" wurden, mit denen die Stammeinheiten nicht viel anfangen konnten[166] - ein sehr „menschliches" Vorgesetztenverhalten. Auch bei den Verbänden im Reich wurde gern auf die „Ostmärker" herabgeblickt; echte Wertschätzung und Kameradschaft kamen aber auf, wenn diese selbstbewusst auftraten; dann wurden aber auch ihre spezifischen

---

[160] Grischany, S. 70.

[161] Grischany, S. 70, eindrucksvoller Katalog weiterer Probleme, Schimpfwörter und Vorkommnisse S. 80f; Steinböck, S. 113, zumal auch ein Großteil der Unteroffiziere aus der Wehrmacht kam.

[162] Gschaider, S. 287; Steinböck, S. 113.

[163] Gschaider, S. 278, 294f.

[164] Jansa S. 680, der darin den „racheartigen Durchbruch… des jahrhundertealten Minderwertigkeitskomplexes Preußens gegenüber Österreich" sieht.

[165] Grischany, S. 72.

[166] Gschaider S. 288, 375; zu quantitativen Ursachen s.u. d)aa).

Kenntnisse und Fähigkeiten anerkannt und gewürdigt,[167] wovon auch die hohe Zahl von bemerkenswerten Karrieren von Österreichern in der Wehrmacht zeugt. Sicher spielt also bei der Kritik von Stil, Ton und Verhältnis auch Überempfindlichkeit und Jammerei eine Rolle,[168] was durch die oben beschriebene nicht tendenzfreie ex post-Sichtweise nach 1945 verstärkt worden sein dürfte. Andererseits ist das Militär nun mal kein Mädchenpensionat - bei der Bewertung sollte also zwischen der strukturellen Eigengesetzlichkeit des Militärs und den situationsbedingten Problemen und Reaktionen differenziert werden.[169]

Jedenfalls hat seitens der Wehrmacht das Bemühen um eine sachgerechte und erfolgreiche Integration dominiert. Generell wird die Qualität und das „Einfühlungsvermögen" insbesondere der höheren Wehrmachtsoffiziere in Österreich betont, zumal eine gezielte, also positive, Auswahl für die Versetzung nach Österreich angenommen werden kann.[170] So wurde von der Führung in Berlin und Wien auf ein gutes Verhältnis zu den österreichischen Soldaten hingewirkt und bei vermuteten negativen Tendenzen gegengesteuert;[171] auch wurde Beschwerden nachgegangen und nicht selten der Missstand behoben. Durch die Übernahme des Gesamtsystems der Wehrmacht veränderte sich auch die Fachsprache. So klagt ein österreichischer Stabsoffizier: „So manche österreichische Eigenheiten werden nun verschwinden, so auch die alte, heilige Armeesprache, …, Ausdrücke übrigens, die vielfach ihrem vollständigen Sinne nach in deutscher Sprache nicht ganz leicht wiederzugeben sind."[172]

---

[167] Gschaider, S. 282.
[168] Grischany, S. 112f.
[169] hier gibt es interessante Parallelen bei der Integration der süddeutschen Kontingente in das Deutsche Heer nach 1871 trotz deren wesentlich größerer Selbständigkeit, Welz, Veröffentlichung in Vorbereitung, 6.b)cc), 6.d), 6.g); Einzelbeispiele Edmund Miller, Preußens Militärkonventionen mit besonderer Berücksichtigung der Reservatrechte Bayerns, Württembergs und Sachsens, Stuttgart 1890, S. 47-49, 77-82; dagegen hatten die übernommenen Offiziere und Unteroffiziere der NVA anders herum Probleme, sich an den legeren Ton und Stil und die „Innere Führung" der Bundeswehr zu gewöhnen.
[170] Gschaider, S. 169ff; besonders hervorgehoben wird Gen. der Infanterie List.
[171] Grischany, S.72, 83.
[172] Beispiele Gschaider, S. 282, 295, Zitat S. 153; Grischany, S. 71; Stein, S. 15.

Ein bemerkenswerter Aspekt war auch der Abbau der Politisierung: Das Bundesheer war, anders als die bewusst unpolitische Reichswehr, stark parteipolitisch geprägt - zunächst sozialdemokratisch, später christdemokratisch bzw. i.S.d. nationalen Ständestaats, wobei Patronage, Seilschaften und Denunziation nicht selten waren. Mit dem „Anschluss" ging jetzt zwar nach deutscher Tradition das Wahlrecht verloren;[173] die österreichische Politisierung stieß auch im Übrigen auf Missbilligung der Wehrmachtsoffiziere und wurde im Rahmen des Möglichen unterbunden; von den Österreichern wurde dies als Verbesserung empfunden.[174] Entgegen der „von oben" geförderten nationalsozialistischen Durchdringung wurde deshalb auch den nationalsozialistisch engagierten österreichischen Offizieren mit Skepsis begegnet.[175]

bb) Reste der NVA in der Bundeswehr
Den NVA-Resten stand nicht nur die Abwicklung bevor, sondern sie hatten innerhalb kürzester Zeit in jeder Hinsicht eine 180-Grad-Wende zu vollziehen. Der größte Unterschied der NVA zur Bundeswehr bestand in der Dominanz der SED, der Rolle im Staat und der Ideologie mit dem klaren „Feindbild" Imperialismus, insbesondere Bundesrepublik und Bundeswehr. Bei diesem Leitbild und der Pflege der „sozialistischen" Geschichte waren Identität und Tradition von DDR und NVA generell inakzeptabel und wurden mit der Auflösung und Übernahme unterbunden; auch „Reliquien" von Staats- und Armeeführung wurden beseitigt,[176] so dass ein völliger Bruch mit der Vergangenheit, ihren Werten und Symbolen bis hin zum offiziellen und inoffiziellen Wortschatz erfolgen musste.[177] Dies wurde allerdings dadurch erleichtert, dass das Selbstverständnis von DDR und NVA spätestens seit dem 9. November schwer erschüttert war und die Regierungen Modrow und vor allem de Maizière/Eppelmann schon weitgehende Reformen eingeleitet hatten.

---

[173] Gschaider, S. 163, S. 279f.
[174] Stein, S. 11ff.
[175] Gschaider, S. 176.
[176] Z.B. Führungsbunker und „rollender" Befehlsstand, Heinze, S. 88 bzw. 109.
[177] Digutsch, Integration, S. 179; ders., Armee, S. 452f; Heinze, S. 81ff; Weißbuch 94, S. 15.

Für alle höheren militärischen Führer bedeutsam war der Wechsel von den sowjetischen, offensiven, Einsatzgrundsätzen mit „Befehlstaktik" zum defensiven Auftrag mit „Auftagstaktik".[178]

Bei der Rest-NVA, den am 3. Oktober verbliebenen Soldaten, spielte naturgemäß die „Innere Führung" die größte Rolle, wobei das Verständnis für die „Armee in der Demokratie" und den „Staatsbürger in Uniform" und „die Demokratie in der Armee", zu wecken war, was ab sofort(!) Geist und Stil der Einheiten prägen sollte. Hier mussten insbesondere alle verbleibenden Vorgesetzten aufwändig geschult und für ihre Dienstaufgaben mussten ihnen „Berater" beigegeben werden. Sicherlich wurde dies als diskriminierend empfunden; andererseits soll es die Wehrpflichtigen und jüngeren Offiziere sehr beeindruckt haben, jetzt trotz Uniform „Staatsbürger" zu sein.[179] Als Folge der politischen „Umpolung" entfielen natürlich Ideologisierung und „Rotlichtbestrahlung"; die Ghettoisierung und die hohen Bereitschaftsgrade wurden aufgehoben, möglichst heimatnaher Einsatz ersetzte den heimatfernen, menschlicher Umgangston trat an die Stelle des NVA-Kommiss-Stils; alle Rechte nach Soldatengesetz und den Nebengesetzen waren in Kraft und alle Soldaten hatten ein ungewohntes Maß an Freiheit und Freizeit.[180]

Zum Sonderproblem wurde die Militärseelsorge. Während die katholische Kirche nach kurzer Bedenkzeit das westdeutsche Modell übernahm und eigene Militärgeistliche ernannt hat, verweigerte sich die evangelische Kirche zunächst, in Fortsetzung ihres Widerstandes aus DDR-Zeiten(?). Sie bekräftigte mit Beschlüssen vom November 1990 und Dezember 1991 ihre ablehnende Haltung, beauftragte jedoch Ortspfarrer, nebenberuflich die Militärseelsorge wahrzunehmen.[181] Seit 2004 gilt allerdings auch hier der Militärsorgevertrag.

Nicht zuletzt wurde auch die Möglichkeit der Wehrdienstverweigerung nach dem Modell der Bundesrepublik eröffnet;[182] da die KDV-Ausschüsse erst gebildet werden mussten, wurden die Verweigerer

---

[178] Heinze, S. 79ff, 87; Lapp, S. 13.

[179] Heinze, S. 77.

[180] Lapp, S. 33ff.

[181] dabei ist zu bedenken, dass nur 10% der Soldaten und 5% der Offiziere aus den neuen Ländern der Kirche angehörten, Heinze, S. 198ff; Lapp S. 41ff.

[182] Lapp, S. 37ff.

übergangsweise von den benachbarten westdeutschen Ausschüssen mitbedient.

Zwar waren die West-Offiziere meist guten Willens und bewährten sich grundsätzlich;[183] auch wandelte sich mancher „Wessi" zum „Wossi". Sie waren aber die „Sieger" und brachten nicht nur Freiheit und Demokratie, sondern - häufig durchaus unbewusst und ungewollt - auch Prädominanz, Arroganz und Siegermentalität („Kolonialoffiziere", „Besserwessis").[184] Insbesondere wollten sie nicht Befehle von ehemaligen NVA-Offizieren entgegen nehmen. Auch kamen Abwicklung und Neuaufbau alsbald in das Fahrwasser technokratischer und bürokratischer Entscheidungen und Verfahren. Dabei wurden die psychologischen Probleme und die Auswirkung auf das Selbstbewusstsein der Übernommenen sicher unterschätzt bzw. ignoriert: Als „gestandene" Soldaten mussten sie von einem Tag auf den anderen die Uniform des „Klassenfeindes" tragen, völlig Neues lernen und lieb gewordene Waffen und Ausrüstung verschrotten. Dies war nur schwer zu „verdauen"[185] und zwar nicht nur für die übernommenen Soldaten, sondern auch für große Teile der Bevölkerung, die unabhängig von der Regimenähe durchaus Identifikation mit der NVA und Waffenstolz zeigte. Hier hätten sicher größere Spielräume für das NVA-Erbe bestanden.

d) Personal

aa) Übernahme des Bundesheeres in die Wehrmacht

Das Bundesheer zählte im März 1938 fast 60 000 Mann, davon 2 128 Offiziere (davon 1 607 Soldatenstand und 521 „Sonderdienste"), 3 800 Unteroffiziere, 22 500 Zeitsoldaten (6 Jahre, B-Männer) und fast 30 000 Wehrpflichtige (12 Monate, seit Februar 1938 theoretisch 18 Monate, aber noch nicht wirksam).[186] Während 1990 die Auflösung der NVA in eine allgemeine Abrüstungsphase fiel, bestand für

---

[183] Lapp, S. 21; Heinze S. 84.
[184] Sarkastischer Negativkodex Lapp, S. 25; Negativ-Beispiele auch Heinze, S. 48; Scheven, Aufbau Ost, S. 499 und S. 484 mit Zitat von Ministerpräsident a.D. Lothar Späth: „es ist noch faszinierender, dem Chaos der Diskussion derjenigen zuzuhören, die im Westen doch so viel besser wissen, was im Osten nötig ist."
[185] BMVg, Armee der Einheit, S. 14.
[186] Zur Problematik der angegebenen Zahlen s. 2.a) FN 19.

das Bundesheer, wesentlich als Folge der Aufrüstung und der aggressiven politischen Ziele, die Absicht, möglichst viele Angehörige in die Wehrmacht zu übernehmen, wobei allerdings Alter und vor allem „rassische" Bedenken oder politische und ideologische Unzuverlässigkeit als „Sperren" gesehen wurden.

Wie schon gezeigt, wurde in größter Eile eine Neuvereidigung vorgenommen.[187] Den Eid auf den „Führer" verweigerten 126 österreichische Soldaten, davon 123 jüdische und vier Offiziere. Diese wurden. entsprechend ausdrücklichen Vorgaben Hitlers,[188] sofort entlassen. Darüber hinaus wurden, auch wenn sie den Eid geleistet hatten, die jüdischen und sonstigen aus rassischen Gründen unerwünschten Soldaten, grundsätzlich unabhängig vom Dienstgrad, unverzüglich entlassen. Beide Gruppen wurden verfolgt und kamen meist in Konzentrationslager, wo ein Großteil ums Leben kam, oder begingen Selbstmord.[189]

Entlassen und diskriminiert wurden auch die Generale, die sich gegen den Nationalsozialismus oder den „Anschluss" exponiert hatten. So wurde der Staatssekretär im Verteidigungsministerium, General Zehner, von Gestapo-Schergen ermordet;[190] Feldmarschalleutnant Jansa entging dem gleichen Schicksal wohl nur, weil sein „alter" Verhandlungspartner Mussolini persönlich um Schonung „gebeten" hatte.[191]

Keine Ideologie sondern ein organisatorisches Problem war der Umgang mit den 521 Offizieren der „Sonderdienste". Da die Wehrmacht diesen Typ nicht kannte, wurden sie nicht als Offiziere übernommen, obgleich sie hochqualifiziert waren und auch eine militärische Ausbildung hatten.[192]

Bei den Verbliebenen wurde je nach Status unterschieden:

---

[187] S.o. 3.a)aa); s.u. 4.b).
[188] Gschaider, S. 190; Grischany, S. 59f.
[189] Stein, S. 135f mit Zahlenangaben und Beispielen.
[190] dies gilt als sicher, obwohl die neuen Machthaber es als Selbstmord getarnt hatten.
[191] Jansa, S. 613, 677.
[192] Gschaider, S. 243, allerdings teilweise in zivilen Funktionen innerhalb der Wehrmacht verwendet.

Die Wehrpflichtigen wurden unter Anrechnung ihrer bisherigen Dienstzeit unter Verlängerung auf 24 Monate übernommen.[193] Ausgenommen waren allerdings auch hier Juden und auffällig „Belastete". Die Unteroffiziere und Zeitsoldaten, die mehr als zwei Jahre gedient hatten und sich nicht auf 12 Jahre (deutsches 12-Ender-Modell) verpflichten wollten, wurden zum 31. Juli entlassen; diejenigen, die schon mehr als 12 Jahre gedient hatten und sich nicht mehr länger verpflichten wollten, wurden zum 30. September 1938 entlassen.[194] Für die Versorgung galt das Meistbegünstigungsprinzip, i.d.R. war aber die deutsche Versorgung günstiger.[195] Für Irritationen sorgte die Dienstgradeinstufung, wenn es in der Wehrmacht den entsprechenden Dienstgrad nicht gab oder die Voraussetzungen dort niedrigere waren (Obergefreite, Korporale, Wachtmeister) oder wenn die Wehrmacht wegen höherer Anforderungen den österreichischen Dienstgrad nicht anerkannte.[196] So fühlten sich einige Dienstgradgruppen - zu Recht - degradiert oder zumindest gekränkt. Das OKH korrigierte dies aber teilweise bereits mit Verfügung vom 23. April 1938;[197] verbleibende Benachteiligungen regelten sich dann meist über die einsetzenden Beförderungswellen.

Für die Übernahme wurde - anders als 1990 für NVA-Angehörige - keine feste, niedrigere, Altersgrenze gesetzt; allerdings wurden ältere Offiziere nahe der regulären Altersgrenze i.d.R. vorzeitig entlassen, um ihnen und der Wehrmacht die Umstellung zu ersparen. Dies ist allerdings keine Diskriminierung, sondern ein typisches und sachgerechtes Verfahren bei großen Veränderungen und Neuorganisationen und war so auch 1867 und 1871 im Norddeutschen Bund bzw. Deutschen Reich praktiziert worden.

Den Entlassungen standen auch einige Zugänge gegenüber:[198] Besonders qualifizierte und zuverlässige Offiziere des Bundesheeres wurden auch über die Altersgrenze in Dienst gehalten oder sogar wieder ein-

---

[193] Gschaider, S. 195f, 234ff dort auch die (wenigen) Ausnahmen.
[194] Gschaider, S. 239f.
[195] Von Hitler persönlich angeordnet, Gschaider, S. 240.
[196] Gschaider, S. 240ff; Schmiedl, Museum, S. 72ff; Steinböck, S. 108f.
[197] Gschaider, S. 240ff., Anlage Nr. 17.
[198] Gschaider, S. 265f.

gestellt.[199] Wiedereingestellt wurden natürlich die Offiziere, die wegen ihrer nationalsozialistischen Gesinnung aus dem Bundesheer entlassen worden waren - über die 50 des Berchtesgadener Abkommens hinaus auch andere Fälle, selbst wenn die Altersgrenze schon überschritten war.

In der nächsten Phase fand dann eine weitere Entlassungswelle nach politischer Sichtung statt. Soweit noch nicht geschehen wurden alle als Regime- und „Anschluss"gegner bekannten Generale entlassen. Für alle anderen Offiziere fand eine Überprüfung durch eine Kommission statt, die unter dem Kommando des deutschen Generals Wolfgang Muff, ehemals Militärattaché in Wien, stand und im Übrigen von nationalsozialistischen österreichischen Offizieren dominiert wurde („Muff-Kommission").[200] Die „Säuberung" wurde also nicht von der Wehrmachtsführung, sondern von österreichischen „Kameraden" durchgeführt![201] Die Kommission identifizierte in einem wenig transparenten und rechtsstaatlichen Verfahren, das sich auf Dossiers und unüberprüfte persönliche Eindrücke von NS-Vorgesetzten und Kameraden stützte, die politisch unzuverlässigen und nicht-arischen Soldaten und teilte diese „Belasteten" in drei Kategorien ein:[202]

1. Stark belastet: sofortige Entlassung, darunter die Mehrzahl der Generale (12+2 Generalärzte),[203] Uniformverbot und Pensionskürzung bis zu völliger Streichung;[204] mindestens vier exponierte Generale mussten nach Deutschland ins „Exil", so Ex-Kanzler und Ex-Verteidigungsminister Gen. Carl Vogoin, und Ex-Stabschef Jansa,[205] wobei mindestens letzterer durch die Kürzung seiner Pension zu ziviler Berufstätigkeit gezwungen war.[206]

2. Mittelmäßig belastet: Entlassung grundsätzlich zum 30. Juli, einige bis Oktober weiter verwendet, zwar mit Pensionskürzung,

---

[199] Gschaider, S. 260.

[200] Beschreibung und Zusammensetzung Gschaider, S. 251f; Schmiedl, Museum, S. 77.

[201] Gschaider, S. 250ff, 373ff.

[202] Gschaider, S. 263ff; Schmiedl, Museum, S. 77ff; Steinböck, S. 110.

[203] Aufzählung der Entlassenen Gschaider, S. 255, 262.

[204] Gschaider, S. 263; Stein, S. 137f.

[205] Gschaider, S. 263.

[206] Zunächst als Versicherungsvertreter, dann (auch) als Vertreter für Autoteile, Jansa, S. 677ff, 701ff; Stein, Generale, S. 12.

aber dem Recht, die österreichische Uniform zu tragen und ihren Dienstgrad weiter zu führen, und

3. Nicht oder wenig belastet: meist Fälle um die Pensionierungs-grenze - unbeschränkter Verbleib im Dienst bis 30. September 1938 mit deutscher Uniform und regulärer - deutscher - Pension.

In etlichen Fällen wurde durchaus auch eine Korrektur der negativen Übernahmeentscheidung erreicht, wenn die Vorwürfe aus der Luft gegriffen oder nicht belegbar waren.[207]
Als Folge der gewaltigen Veränderungen schieden auch viele Offiziere freiwillig aus,[208] so in Vorwegnahme einer negativen Übernahmeent-scheidung, aus politischen Motiven oder Gewissensgründen, Unlust gegenüber einer Versetzung ins Reich, insbesondere bei älteren Offi-zieren, oder Unzufriedenheit mit dem vorgesehen Dienstposten, vor allem wenn sie nur als „Ergänzungsoffiziere" mit niedriger wertiger Tätigkeit weiterverwendet werden sollten.
Auch über die Gruppe 3 hinaus wurden ältere Offiziere „großzügig" entlassen: Nach der „Philosophie", dass die Jüngeren noch formbarer und zuverlässiger sind als die „Alten", die ihre Karriere noch in der Demokratie gemacht hatten und in diesem Sinne geprägt waren, wur-den jüngere Offiziere bevorzugt. Besonders energisch wollte Hitler die Generalität verjüngt haben, wobei es ihm aber weniger um das Alter, als um die Schwächung der konservativen Kreise und Traditio-nen, also um eine getarnte Säuberung, ging.[209] So ergab sich eine Staf-felung der insgesamt 440 entlassenen Offiziere von 14% von Leut-nant bis Oberstleutnant, 40% der Obersten und 55% der Generale.[210] Insgesamt wurden rund 1 600 von 2 100 Offizieren, also gut 75% übernommen, weitere 196 nur als Ergänzungs-Offiziere.
Als Kehrseite für diesen Aderlass mussten bei einem Bedarf für die in Österreich dislozierten Wehrmachtsteile von 2 067 Offizieren mehr als 750 Offiziere von der Wehrmacht zugeführt werden, was deren

---

[207] Hier hat sich der neue Staatsekretär General de Angelis positiv hervorgetan, Gschaider, S. 266.
[208] Gschaider, S. 261f.
[209] Gschaider, S. 246f.
[210] Gschaider, S. 246; Steinböck, S. 107ff mit weiterer Aufschlüsselung.

laufenden Ausbau spürbar belastet hat, so dass in diesem Punkt die Übernahme des Bundeheeres eher ein „Verlustgeschäft" war.[211]

Bei insgesamt ca. 22 000 Wehrmachtsoffizieren entsprachen die rund 1 600 übernommenen österreichischen Offiziere etwa 7%. Bei einem Bevölkerungsverhältnis von nicht ganz 10% war dies zwar eine Unterrepräsentation, bei dem politischen Umfeld - Übernahme durch ein „feindliches" System - aber eher eine erstaunlich hohe Quote.

Sofern sie nicht zu den Verfolgten gehörten, waren die meisten Entlassenen auch durch die gekürzten Pensionen noch relativ abgesichert. Vielen gelang auch je nach persönlicher Einstellung und Geschick die Eingliederung in den allgemeinen Arbeitsmarkt. Bei dem großen Offiziersmangel wurden zudem viele der Entlassenen im Krieg reaktiviert.[212]

Für die Übernommenen bestand natürlich Umschulungsbedarf; abgesehen vom Wehrmacht-Spezifischen mussten die Österreicher „vom allgemein gebildeten Theoretiker ... zum systematischen Praktiker" werden, was zunächst ihre Integration, ihren Status und ihr Selbstwertgefühl beeinträchtigte.[213] Zwar heben viele österreichische Quellen darüber hinaus weitere Härten und psychologische Probleme hervor. Für Obergefreite, Korporale und Wachtmeister wurde dies soeben dargestellt.[214] Hinzu kommen ausgesprochene Stilblüten, z.B. beim zivilen Personal die Verwechselung der Amtsbezeichnung „Ministerialrat" mit „Regierungsrat". Bei tieferem „Einsteigen" kann dies auch bei Offizieren festgestellt werden, die tendenziell in der „Rangliste" zurückgestuft wurden:[215] Für Generale und Stabsoffiziere wurde eine einjährige Beförderungssperre verhängt,[216] selbst wenn Betroffene nach den Wehrmachtsrichtlinien zur Beförderung angestanden hätten. Auch waren die Karrieren im Bundesheer langsamer und die

---

[211] Gschaider, S. 176; Grischany, S. 66.

[212] Gschaider, S. 262ff; Schmiedl, Museum, S. 73.

[213] Gschaider, S. 291f, 370f; ähnliche Probleme gab es bei der Eingliederung der Bayrischen Armee in die Reichswehr 1919, Welz, Veröffentlichung in Vorb., 8.

[214] S.o.; Steinböck, S. 108f.

[215] wobei die Beispiele zeigen, dass die Maßnahmen zumindest teilweise berechtigt waren, für den Dienstgrad Oberst detailliert nachgewiesen bei Gschaider, S. 242ff, S. 270ff und Schmiedl, Museum, S. 72.

[216] Ausgenommen FML Beyer, KG XVIII. AK, GM Löhr, Luftwaffe und Oberst de Angelis, Staatssekretär, also immerhin 3 von 12, Gschaider, S. 268.

Skala endete beim ***-General. Als „Ausgleich" gab es im Bundesheer die Möglichkeit schnellerer Beförderung durch „Sonderkurse", was in der Wehrmacht wegfiel, wodurch gerade die Besten benachteiligt wurden. Für Unbehagen bei den drei Betroffenen[217] sorgte auch der Wegfall der Bezeichnung Feldmarschallleutnant, die trotz gleichen Ranges und Gehaltes jetzt - weniger klangvoll - „nur noch" Generalleutnante waren.

Ein besonderes Problem waren die österreichischen Generalstabsoffiziere. Nach strenger Prüfung durch OKW- und OKH-Vertreter wurden 15 in den Generalstab übernommen und 17 weitere, ohne dem Generalstab anzugehören, in Generalstabsfunktionen. Dabei war die Auswahl objektiv und korrekt - die Mehrzahl der österreichischen Generalstabsoffiziere entsprach zwar internationalen Standards, nicht aber den sehr hohen deutschen Qualitätsanforderungen für Generalstabsoffiziere.[218]

Natürlich erfolgten jetzt Einberufungen, Zuteilungen und Versetzungen ohne große Rücksicht auf österreichische Herkunft im gesamten „Großdeutschland". So erfolgte eine von Politik und Führung gewollte Vermischung der Offiziere in der gesamten Wehrmacht, was eine weitere „Entösterreichichung" bedeutete. So waren Ende 1938 (nur) noch 650 von 1 415 österreichischen Offizieren bei ihren Verbänden.[219] Dies war aber keine gezielte Benachteiligung von Österreichern, sondern die in der Wehrmacht übliche Handhabung wie auch z.B. bei Bayern und Sachsen. Dabei ist anzumerken, dass die „Härte" damals wesentlich geringer war als heute: Junge Unverheiratete begriffen dies durchaus als Abenteuer und bei Verheirateten waren die Frauen i.d.R. nicht berufstätig, so dass die Familien problemlos mitziehen konnten, zumal das Schulsystem damals einheitlicher war und Dienstwohnungen zur Verfügung gestellt wurden. Lediglich für ältere, in Ihrem „Umfeld" seit Jahren etablierte, Offiziere war eine Versetzung problematisch und nicht wenige haben deshalb ihre vorzeitige Pensionierung beantragt.[220] Die Probleme werden zumeist bei den

---

[217] Gschaider, Anl. 8.
[218] Stein, S. 99ff.
[219] Schmiedl, Museum, S. 81; die von Steinböck, S. 112, hierzu genannten Zahlen sind übertrieben.
[220] Gschaider, S. 261.

Offizieren abgehandelt. Ähnlich war natürlich die Situation bei den Unteroffizieren: In den österreichischen Verbänden stammten 50% aus dem Altreich.[221] Hier prallten natürlich die Unterschiede in der Mentalität, Berufsverständnis und Traditionen aufeinander.

Zum großen Teil war dies eine historische „Standardsituation": Auf die parallelen Probleme auch im Norddeutschen Bund und im Kaiserreich wurde bereits hingewiesen.[222] Auch hier kam es einerseits zu den gleichen Beschwerden in Militär und Volk der beigetretenen Staaten, aber aus rein praktischen Gründen musste ähnlich verfahren werden: Pensionierung älterer Offiziere und Unteroffiziere, denen die Veränderungen nicht mehr zugemutet werden sollten und als Ersatz „Import" preußischer Offiziere und Unteroffiziere mit anderer Führungskultur, wobei rein zahlenmäßig nicht nur eine Elite geschickt werden konnte, sondern auch auf die „zweite Garnitur" zurückgegriffen werden musste. Dies alles zeigt sehr deutlich, wie schwer es ist, trotz günstiger Rahmenbedingungen und guten Willens bei größeren Veränderungen tatsächliche Härten, „gefühlte" Härten und vor allem subjektive Kränkungen zu vermeiden, zumal generell die psychologische Neigung besteht, die eigene Lage nicht objektiv, sondern gemessen an Fällen zu beurteilen, die besser abgeschnitten haben. Letztlich kann es aber bei größeren Veränderungen nicht nur Gewinner geben, (subjektive) „Verlierer" lassen sich nie vollständig vermeiden und hier haben naturgemäß „Angeschlossene" und „Beigetretene" in der Regel eine schlechtere Ausgangsposition.

Jedenfalls waren die Übernahmebedingungen für das Bundesheer und seine Angehörigen deutlich besser als 1990 für die Berufs- und Zeitsoldaten der ehemaligen DDR. Insgesamt profitierten Stimmung und Bewertung der eigenen Situation stark davon, dass sich trotz der genannten Misshelligkeiten, mit denen man aber leben konnte und die sich ständig abbauten, das „Image" des Militärs - Zugehörigkeit zur Armee einer Großmacht, Ansehen, Gehalt, Beförderungsaussichten, hervorragende Ausstattung an modernen Waffen und Gerät - wesentlich verbessert hatte.[223] Zweifellos profitierten die österreichischen Soldaten von dem (höheren) Status und der höheren Besoldung des

---

[221] Steinböck, S. 112.
[222] S.o. 3.c)aa), Welz, Veröffentlichung in Vorb., 6.d).
[223] Gschaider, S. 160ff.

Militärs im Reich[224] und von der allgemeinen Aufrüstung. Das gilt naturgemäß besonders für jüngere Offiziere: Da durch Entlassungswellen und Truppenvermehrungen auch im Reich zahlreiche Beförderungsstellen verfügbar waren, wurden diese sehr großzügig befördert.[225]

So machten insbesondere im Krieg viele österreichische Offiziere große Karrieren. Zwar waren Österreicher in den Top-Rängen unterrepräsentiert - keinen (von 26) GFM, (nur) drei (von 90) Generaloberste - Löhr (Befehlshaber der Luftflotte 4 und zuletzt einer Heeresgruppe auf dem Balkan), Dr. Rendulic und Raus. Aber 220 Österreicher brachten es zum General.[226] Der Anteil der Österreicher unter den Wehrmachtsgeneralen betrug 1943 121 von rund 2 000 und bei der Luftwaffe 25 von 520,[227] also 5-6%, zwar weniger als die 10% Bevölkerungsanteil, aber trotz der relativ geringeren Zahl und den schlechteren Startbedingungen doch eine vergleichbare Größenordnung.[228] 326 Österreicher erhielten das Ritterkreuz, bis in die höchsten Stufen, darunter einer der zwei ersten Ritterkreuzträger des Zweiten Weltkrieges.[229]

Allerdings veränderten alle diese Maßnahmen nachhaltig den Charakter des - danach nicht mehr - österreichischen Militärs und machten es auch zu einem zuverlässigen Faktor des NS-Regimes und seiner Kriegführung, was sich schon beim „Anschluss" des Sudetenlandes und dann im Weltkrieg zeigte. Nach manchen Quellen hatten die überwiegend aus Österreichern bestehenden Verbände, wobei der Umbau auch durch (anfänglichen) Mangel an Material und fehlenden

---

[224] Gschaider, S. 162; Jansa, S. 679, 685.

[225] Gschaider, S. 269.

[226] Stein, S. 141; Vergleichszahlen für GFM und GO jeweils einschließlich entsprechender Ränge bei Marine, SS und Polizei, aus Online-Lexikon der Wehrmacht.

[227] Grell, S. 84; Stein, S. 1f; Josef Stolz beim Angriff auf Warschau, Germann S. 11

[228] Das Establishment der zweiten Republik „revanchierte" sich dann 1955 mit dem „Oberstparagraph" - alle Offiziere, die in der Wehrmacht einen Rang Oberst oder höher erreicht hatten, wurden grundsätzlich nicht in das neue Bundesheer übernommen, Peter Barthou, Der „Obersten-Paragraph, Schriften zur Geschichte des Österreichischen Bundesheeres, Band 14 (ohne Ausgabejahr), dort auch namentliche Erwähnung der (wenigen) Ausnahmen; Gschaider, S. 361f.

[229] Grell, S. 84; Stein, S. 1f.

Truppenübungsplätzen erschwert war, nicht ganz die Kampfkraft vergleichbarer reichsdeutscher Verbände, es gab aber viele österreichische Truppenteile, die Eliteverbände waren, insbesondere Gebirgsjäger, die in Norwegen und im Kaukasus zu Ruhm kamen,[230] und die bereits erwähnte 44. Infanteriedivision („Hoch- und Deutschmeister"), die nach dem Totalverlust demonstrativ als erster(!) in Stalingrad untergegangener Verband als Elite-Infanteriedivision neu aufgestellt wurde.[231]

Wenn auch manches zu kritisieren ist und manches etwas holprig lief, so ist doch festzustellen, dass die Eingliederung des Bundesheeres eine organisatorisch hervorragende Leistung war.[232] Sicher konnten sich auch etliche, wie bei allen großen Veränderungen, als „Verlierer" fühlen. In historischer Perspektive, auch wenn es etwas zynisch klingt, kann aber festgestellt werden: Die Untergänge von Staaten und Systemwechsel gehen nicht ohne Verlierer. Auch bei der Auflösung der NVA waren die Übernahmebedingungen deutlich schlechter! So durften sich insgesamt die österreichischen Soldaten 1938 nicht beklagen. Rein statistisch machten sie zwar nicht ganz die gleichen Karrieren wie ihre deutschen Kameraden. Bewertet man aber die Zahlen vor dem Hintergrund der historischen und politischen Umstände, des „Anschlusses", also der Übernahme eines Staates und eines Regimewechsels,[233] ist, verglichen mit anderen historischen Beispielen, mit den „Angeschlossenen" recht großzügig verfahren worden. So ist die „späte Ehe ... (beider Armeen) ... im Großen und Ganzen doch eine glückliche geworden".[234]

Obwohl es nicht Gegenstand dieser Untersuchung ist, muss allerdings auch an die 247 000 österreichischen Wehrmachtsangehörigen erinnert werden, die gefallen oder vermisst sind; hinzu kommen über 24 000 bei Kriegshandlungen ums Leben gekommene Zivilisten und 65 000 Juden und 35 000 Österreicher, die in der NS-Gewaltherrschaft ermordet wurden.[235]

---

[230] Grischany, S. 119ff, (teilweise etwas schwülstig).
[231] Stein, S. 6.
[232] Stein, S. 126.
[233] S.o. 1.
[234] Zitat Gschaider, S. 382; für gelungene Integration auch Grischany, S. 84.
[235] Kleindel, S. 376f.

bb) Reste der NVA in der Bundeswehr

Am 3. Oktober 1990 waren die verbliebenen über 90 000[236] Soldaten der ehemaligen NVA Angehörige der Bundeswehr und alle Rechte und Pflichten gegenüber der NVA erloschen.[237] Folgerichtig mussten die Wehrpflichtigen und zu Übernehmenden nach und nach, beginnend im Oktober, ein zweites Mal den Eid bzw. neu das feierliche Gelöbnis leisten, diesmal nach der Eidesformel der Bundeswehr.

Die neue „Armee der Einheit" war drastisch zu verkleinern: So hatte anfangs 1990 die Bundeswehr 495 000 und die NVA 175 000, am 3. Oktober noch 90 000 Angehörige; nach den MBFR- Gesprächen waren aber insgesamt nur noch 370 000, für Bundeswehr und NVA,[238] zugelassen. Somit waren die größten Probleme naturgemäß auf dem personellen Sektor zu lösen. Dabei ist hervorzuheben, dass es eine EDV-Unterstützung nicht gab, alles musste manuell bewältigt werden.[239]

„Eigentlich" sollte es „keine Soldaten erster und zweiter Klasse" geben (Stoltenberg/Eppelmann).[240] Der Einigungsvertrag eröffnete aber alle Möglichkeiten, sich der ehemaligen NVA-Angehörigen mehr oder weniger elegant zu entledigen.[241] Die befürchtete „Klassengesellschaft" war nicht zu vermeiden - von Anfang an war klar, wer die Chefs und wer die „Azubis" waren; dabei kam es durch mangelndes Einfühlungsvermögen und bürokratische Stilblüten auch zu „menschlichen" Pannen.[242]

Wie 1938 war die Übernahme am leichtesten bei den Wehrpflichtigen (ca. 39 000 Mann):[243] Hierzu wurde der in der NVA geleistete Dienst anerkannt; die Wehrpflicht war bereits von der Regierung Modrow auf die in der Bundeswehr seit Dezember 1990 geltenden 12 Monate verkürzt worden und als erste Gruppe wurden sie im Wehrsold

[236] BMVg, Weißbuch S. 15; 98 000 Pommerin, S. 302.

[237] Rechtsgrundlage für das Abbau- und Übernahmeverfahren Einigungsvertrag Kapitel IX, Abschn. II und III.

[238] BMVg, Armee der Einheit S. 9ff; Weißbuch 1994, S.15.

[239] Heinze, S. 84.

[240] Anlässlich der Übernahme der Befehls- und Kommandogewalt, zitiert nach Pommerin, S. 300; Eppelmann zitiert nach Lapp, S.10.

[241] BMVg, Armee der Einheit, S. 11f; Lapp: „nach Gutdünken", S. 21.

[242] Beispiele bei Clement/Jöris, S. 117f; Lapp, S. 26f.

[243] Pommerin, S. 302; Scheven, Aufbau Ost, S. 485.

gleichgestellt. Sie waren allerdings noch beim Entlassungsgeld und den Urlaubstagen benachteiligt.[244] Zur Erleichterung der Integration wurde hier auch seit 1991 die „Durchmischung" praktiziert - die Wehrpflichtigen aus den Neuen Ländern leisteten das erste Quartal ihrer Ausbildung im Westen ab und später wurden auch West-Wehrpflichtige in die Einheiten in den Neuen Ländern einberufen.[245] Obwohl die Verweigerung sehr erleichtert worden war, leisteten weiterhin 80% Wehrdienst.[246]

Praktisch vollständig übernommen und teilweise verbeamtet wurden auch die Zivilisten und die Soldaten, die nach westlichem Verständnis (Art. 87b GG) Aufgaben der Wehrverwaltung wahrnahmen. Auch bei Neueinstellungen wurden hierfür ehemalige NVA-Angehörige bevorzugt.[247]

Wesentlich schwieriger war die Situation wiederum bei den verbleibenden 51 000 Berufs- und Zeitsoldaten. Eppelmann vermochte eine Art Übernahmegarantie zumindest für jüngere Offiziere bis Hauptmann nicht durchzusetzen, so dass hier eine einschneidende zahlenmäßige Reduzierung stattfand. Für das Verfahren für Reduktion und Selektion lassen sich, verschärft durch die drastische Verkleinerung, ähnliche „Filter" erkennen wie 1938:

- generell nicht übernommen (zu missbilligende Funktion, pauschalierte Regimenähe),
- Altersgrenze,
- für die Übrig-Bleibenden Auswahl im Einzelfall durch eine Kommission sowie Überprüfung durch Gauck-Behörde und MAD und vor allem
- Bedarf gemessen an der Neustruktur.[248]

Immer größer wurde natürlich das Heer der sofort oder sukzessive Entlassenen und der „freiwillig" Ausgeschiedenen. Letztere Gruppe

---

[244] Heinze, S. 67.
[245] BMVg, Armee der Einheit, S. 15; Weißbuch 94, S. 21; Heinze, S. 77.
[246] Heider, S. 434.
[247] Johanny, Wehrverwaltung, S. 396f; Weißbuch 94, S.16; diese wurden so zu Gewinnern der Wiedervereinigung, Heinze S. 78 mit Betonung der Rolle von Schönbohm.
[248] Digutsch, Armee, S. 464; Pommerin, S. 302.

speiste sich aus drei Quellen: Die, die nicht in der Armee des „Klassenfeindes" dienen wollten, denjenigen, die mit den angebotenen Konditionen nicht zufrieden waren[249] und denen, die keine Chance auf Übernahme sahen. Wenigstens hier hatte die DDR-Regierung für das Ausscheiden bis zum 31. Dezember 1990 einigermaßen erträgliche soziale Bedingungen durchsetzen können.[250]

Generell nicht übernommen wurden alle Angehörigen der Staatssicherheit (und des Amtes für Nationale Sicherheit) und der sonstigen „bewaffneten Organe",[251] alle Polit-Offiziere, alle Offiziere der Grenztruppen,[252] sowie, entsprechend den damaligen Regelungen für die Bundeswehr, alle Frauen außer dem Sanitätsdienst (die allerdings zumindest teilweise in zivile Dienstverhältnisse, z.B. Truppenverwaltung, überführt werden konnten[253]) und schließlich alle Generale/Admirale. Dabei war der generelle Ausschluss von Generalen/Admiralen umstritten:[254] Beide Verteidigungsminister waren willens, 24 davon zu übernehmen, zumal einige inzwischen schon von der demokratischen Regierung befördert und in ihre Funktion gebracht waren; die vollständige Sperre wurde vom Auswärtigen Amt gegen die Verteidigungsschiene durchgesetzt. Es wurden schließlich fünf Ex-Generale der NVA mit privatrechtlichen Verträgen als Berater angestellt.

Nächste Hürde war die Altersgrenze: So wurden alle über 55-Jährigen nicht übernommen, Ende 1990 wurde diese Grenze faktisch auf 50 Jahre reduziert, womit alle älteren und faktisch die höheren Offiziere abgewickelt waren und nur die Jüngeren eine Chance auf Übernahme

---

[249] Leonhard, S. 463f.

[250] Scheven, S. 491.

[251] Die als sozialistische Elite galten, z.B. Wachregiment Feliks Dzierzynski, Kasernierte Volkspolizei, Spezialkräfte des Innenministeriums; Heinze, S. 91.

[252] 4 200 Mann Grenztruppen blieben in einem Sonderstatus als Zivilisten (gegen dessen Willen) im Dienst des Verteidigungsministeriums bis September 1991 zum Abbau der Grenzsicherungen und Minen (trotz „Strauß-Deal" waren noch 34 000 Minen übrig), Clement/Jöris, S. 112; Heinze, S. 105ff; Lapp, S. 22; Scheven, Bundeswehr, S. 445; ders., Aufbau Ost, S. 479; Arg. auch Weißbuch, S. 94, S. 19.

[253] Digutsch, NVA, S. 177.

[254] Weißbuch 1994, S. 16; Digutsch, NVA, S. 178; ders., Armee S. 468; Schönbohm, S. 411; Scheven, S. 452.

bekamen, weit drastischer als beim Bundesheer 1938 war damit der Bundeswehr der „Enthauptungsschlag" gegen die NVA gelungen. [255] Die weitere Auswahl erfolgte in einem dreistufigen Verfahren: [256] Dies war zunächst der Wartestand, 6 Monate bzw. 9 bei Älteren, ohne Uniform und Dienstgrad bei stark reduziertem „Wartegeld". Besser dran waren die (vorläufigen) „Weiterverwender", die mit vorläufigem (reduzierten) Dienstgrad in der Bundeswehr bleiben durften. Beide Kategorien, die nicht neu vereidigt wurden, [257] konnten sich für eine Übernahme als Soldat auf Zeit für zwei Jahre bewerben; in dieser (Probe)Zeit sollte über die Übernahme als länger dienender Zeit- oder Berufssoldat entschieden werden. Alle SaZ 2, „Klasse 2", wurden der Überprüfung durch die Gauck-Behörde unterzogen - so mancher wurde „weggegauckt" [258] (wegen politischer Belastung) - und ab Dienstgrad Feldwebel vom „unabhängigen Ausschuss für die persönliche Eignung", also nicht die fachliche, unter Vorsitz der parlamentarischen Staatssekretärin a.D. Hürland-Bühning, [259] bewertet. Bei all diesen „Schwellen" schieden neben den abgelehnten Kandidaten 60% „freiwillig" aus, in aller Regel natürlich, weil sie keine Chancen auf eine Übernahme sahen.

Damit ergab sich für die Bundeswehr in den Neuen Ländern folgende „Klassengesellschaft": [260]

1. Klasse waren natürlich die West-Offiziere mit vollem Gehalt, „Buschgeld", [261] gehobenem Status als „Kolonialoffiziere" und oft über die neuen Planstellen befördert oder indirekt mit dem „Plus" dieser Verwendung besseren Beförderungsaussichten. Soldaten 2. Klasse waren die - immer weniger werdenden - in einem Status nach Soldatengesetz Übernommenen. Sie verblieben in ihrem Job, wurden

---

[255] Digutsch, Armee, S. 466.

[256] Digutsch, Integration, S. 176, 181; ders., Armee, S. 470f; Pommerin, S. 302f; Lapp, S. 23f.

[257] Heinze, S. 83.

[258] Heinze, S. 85, oder „Rotfälle" genannt; nach Truppengattungen unterschiedliche Quoten, Scheven, Aufbau Ost, S. 493.

[259] Digutsch, Armee, S. 471f; Leonhard, S. 461; Zusammensetzung und Verfahrensgrundsätze.

[260] Clement/Jöris, S. 115; Lapp, S. 23f; Pommerin, S. 304.

[261] Zur Berechtigung durch besondere Erschwernisse Heinze, S. 83f und Scheven, S. 499.

aber im Dienstgrad um 1-2 Stufen reduziert, hatten weniger wichtige Funktionen oder westdeutsche „Berater", erhielten zunächst weiter Bezüge nach DDR-Recht vom niedrigeren(!) Dienstgrad, dann (nur) 60% der Westbezüge,[262] mussten ständig um ihre Weiterverwendung bangen und hatten bei ihrem reduzierten Status ein entsprechend angeschlagenes Selbstwertgefühl. Soldaten 3. Klasse war die Masse der Verbliebenen, die „Weiterverwender", die zunächst noch befristet Dienst in der Bundeswehr tun durften, aber keine Chance auf Übernahme hatten und je nach Tätigkeit und Bedarf nach und nach entlassen wurden.

Den Antrag auf Übernahme nach Z 2 haben 26 000 ehemalige Angehörige der NVA gestellt. 17 000 (6 000 Offiziere und 11 000 Unteroffiziere) wurden positiv beschieden. Im Endergebnis wurden 12 000 Zusagen gegeben und schließlich 10 800, also etwa 6% der Ausgangsstärke und 12% der Übernahmestärke, in ein längeres Dienstverhältnis oder als Berufssoldat übernommen. Stand Juni 1991 waren dies[263] 3 000 Offiziere (von 30 000[264]), 7 600 Unteroffiziere und 200 Mannschaften.[265] Von den Offizieren waren dies rund 2 350 Leutnante bis Major, 612 Oberstleutnante/Fregattenkapitäne (von 8 180), 38 Oberste/Kapitäne zur See (von 2 110) und kein General/Admiral (von 300), allerdings 5 in einem zivilen Dienstverhältnis.

Danach setzte sich der Abschmelzungsprozess aber noch weiter fort: Auf der Kommandeurstagung im Mai 1992 in Leipzig befand sich unter den 400 Generalen und Obersten ein einziger aus der ehemaligen NVA, bezeichnenderweise ein Oberstarzt,[266] und Ende 1998 waren noch 9 300 und 2007 (nur) noch 7 084 NVA-Soldaten im aktiven Dienst.[267] Parallel konnten natürlich Angehörige der NVA neu, d.h. ohne Anerkennung von NVA-Vorzeiten oder Dienstgraden, und ungediente Bürger der Neuen Länder in die Bundeswehr eintreten.

[262] Zur versorgungsrechtlichen Lage Heinze, S. 77 (relativ positiv!).

[263] Weißbuch 1994, S. 16; Hulin, S. 180-183; Pommerin, S. 302-304.

[264] Zahlen insbes. bei Offizieren schwankend von 24 000 (Pommerin S. 302) bis 32 000 (Rapp, S.5).

[265] BMVg, Armee der Einheit, S. 15; Clement/Jöris, S. 112; Digutsch, Integration S. 181; derselbe, Armee S. 472; Lapp, S. 22; Leonhard, S. 463.

[266] Chefarzt im Bundeswehrkrankenhaus in Berlin, Lapp, S. 5.

[267] Heinze, S. 89; Digutsch, Armee, S. 472.

Schon für die Übernommenen brachte der Wechsel erhebliche tatsächliche oder gefühlte Nachteile mit sich.[268] Bei den geringen Übernahmechancen von 1:10 schien das Auswahlverfahren unsicher und intransparent und sorgte für entsprechenden Stress. Hinzu kommen die psychologischen Folgen des Aufgehens für oft langgediente „Profis" in einer neuen Armee mit neuen Uniformen, Fahnen, Waffen und Symbolen. Peinlich ist zudem der Ausbildungs- und Nachschulungsbedarf auch oder gerade für höhere Dienstgrade. Die Übernommenen wurden durch ein intensives Umschulungs- und Ausbildungsprogramm - „Ergänzungsausbildung" - geschleust, wobei naturgemäß die Innere Führung ein besonderer Schwerpunkt war.[269] Erst recht gilt das aber für die Absenkung der NVA-Dienstgrade um 1-2 Stufen; zahlreiche Offiziere ebenso wie die Angehörigen der Laufbahn der Fähnriche, etwas zwischen Unteroffizier und Offizier ohne Entsprechung in der Bundeswehr, wurden dadurch nur als Feldwebel übernommen. Dabei ist die sachliche Berechtigung objektiv nicht zu bezweifeln: Nach Vorbild der sowjetischen Streitkräfte war der Offiziersanteil in den Ostblockarmeen zu Lasten des Unteroffizierskorps deutlich höher. So gab es in der NVA 300 Generale/Admirale und 2 110 Oberste/Kapitäne zur See und insgesamt rund 30 000 Offiziere, also ein Verhältnis Soldaten-Offiziere von 6:1 - in der Bundeswehr dagegen betrug es 12:1[270]. Dadurch erfolgten in der NVA die Beförderungen großzügiger und schneller als in der Bundeswehr und eine Anerkennung hätte eine massive Besserstellung bedeutet. Deshalb dürfen auch pensionierte NVA-Soldaten und Reservisten ihren Dienstgrad nicht – mit a.D. - führen und können nicht vollwertiges Mitglied im Reservistenverband werden, wobei die Kategorisierung als „Wehrdienst in fremden Streitkräften" (nicht nur) bei den Betroffenen auf Unverständnis stößt.[271] Trotzdem liegt es in der Natur der menschlichen Psyche, dies doch irgendwie als Degradierung und Demütigung zu empfinden, zumal ihr Status, ihre Autorität und die Distanz zu den Unteroffizieren und Mannschaften größer war als in

---

[268] BMVg, Armee der Einheit, S. 14; Lapp, S. 22.

[269] Heinze, S. 76; Scheven, Aufbau Ost, S. 492.

[270] BMVg, Weißbuch 1985, S. 241 (Heinze, S. 80, 90 und Lapp, S. 23 geben falsch 8:1 und 40:1 an).

[271] Digutsch, Armee, S. 475f; Heinze, S. 67; Leonhard, S. 467.

demokratischen Armeen.[272] Dies gilt auch für die Nichtanerkennung der militärwissenschaftlichen akademischen Grade, die von den Ausbildungsstätten der NVA verliehen worden waren[273] und den Offizieren so auch zu wissenschaftlichem Prestige verhelfen sollten. Da sie sich dann in der Bundeswehr auf ein neues System völlig umstellen mussten, konnten sie natürlich auch (zunächst) für selbständige (Führungs)Positionen nicht verwendet werden, so dass sie objektiv wie subjektiv auf weniger bedeutsamen Positionen Dienst tun mussten oder ihnen, soweit sie in ihren Führungspositionen verblieben, „Ausbildungsunterstützungsgruppen" beigegeben wurden.[274] Schließlich waren auch in den ersten Jahren die Bezüge, beginnend bei nur 60%, niedriger als bei gleichrangigen Angehörigen der alten Bundeswehr, was das Gerechtigkeitsgefühl verletzte, selbst wenn die Bezüge absolut höher waren als in der NVA[275] und dieses Verfahren mit dem übrigen Öffentlichen Dienst der Neuen Länder harmonisiert war. Immerhin schleppte sich dies Problem bis 2008 hin, bis die Gleichstellung erreicht werden konnte.

Selbst die Maßnahmen der Inneren Führung - Aufhebung der Ghettoisierung, menschlicherer Umgangston, niedrigere Bereitschaftsgrade, heimatnahe Unterbringung und mehr Freizeit - wurden nicht durchweg als Verbesserung, sondern von nicht wenigen auch als Verlust militärischer Tugenden empfunden.[276]

Auch wurde geltend gemacht, dass übernommene NVA-Offiziere in der Karriere benachteiligt wurden - statistisch sicher nicht zu Unrecht, andererseits zeigten NVA-Offiziere Defizite und hatten weniger Initiative und Karrierebewusstsein.[277] Doch wurde auch hier versucht, Zeichen zu setzen: Bereits mit Generalärztin Frau Dr. Franke hatte

---

[272] Heinze, S. 79f.

[273] Ob dies System ein Vorbild für die Bundeswehr hätte sein können, ist nie ernsthaft erörtert worden.

[274] Digutsch, Integration, S. 176.

[275] Clement/Jöris, S. 115.

[276] Scheven, Aufbau Ost, S. 499.

[277] bei der Auswahl für die Generalstabsausbildung und generell, Scheven, Aufbau Ost, S. 494ff, wobei aber schon das DDR-Auswahlverfahren einseitig war und Wende und (politisches) Auswahlverfahren nicht unbedingt die Besten in der Bundeswehr gehalten haben dürften.

die erste NVA-Angehörige 2009 den Generalsrang erhalten.[278] Durch die Beförderung mehrerer ehemaliger NVA-Offiziere zum Oberst und die demonstrative Ernennung von Gert Gawellek als erstem NVA-Soldaten zum General, wenn auch erst 2014,[279] wurde dies Argument entschärft. Allerdings handelte es sich dabei streng genommen schon um Offiziere, die ihre Karriere „eigentlich" erst in der Bundeswehr gemacht haben, und die 22,5%, die dem Bevölkerungsanteil der Neuen Länder entsprechen würden, sind natürlich nicht erreicht.

Damit ist festzuhalten, dass es bei der Abwicklung der NVA und der Übernahme ihrer Reste unbestreitbar Probleme, Härten und Ungerechtigkeiten, vor allem aber „Soldaten erster und zweiter Klasse" gab. So hat es nur eine (individuelle) Übernahme und gerade keine Integration ganzer Teile gegeben, sondern nur die „geographische und personelle Erweiterung der Bundeswehr".[280] Auch wurde das System und das Wehrrecht der Bundeswehr den Neuen Ländern „übergestülpt" und es war immer klar, wer die Sieger und die Besiegten waren. Zumal in Politik und den zivilen Bereichen die Neuen Länder und ihre Bewohner längst organisch in der Bundesrepublik Deutschland aufgegangen sind, haben sich allerdings auch im militärischen Bereich im Laufe der Zeit die meisten Kritikpunkte erledigt. In den Neunzigerjahren betrug die Freiwilligen-Quote aus den Neuen Ländern etwa 30%, war also überproportional.[281] Auch wird eine Statistik über die (unterschiedlichen) Herkunfts- und Karrieredaten nicht mehr geführt.[282] Insbesondere bei den Auslandseinsätzen haben sich die Soldaten der ehemaligen NVA voll bewährt und auch sonst spielt die Herkunft längst keine Rolle mehr. So war bei allen Problemen für die Reste der NVA und die am Ende Übernommenen die Basis für die kommende „Armee der Einheit" doch letztlich erfolgreich gelegt: Die zahlreichen Probleme des Abwicklungs- und Übernahmeprozesses gelten als erledigt - das Weißbuch 2016 thematisiert diesen Kom-

---

[278] Heinze, 147,176ff, als zweite Frau in der Bundeswehr überhaupt.
[279] Rudolf J. Schlaffer, Armee der Einheit, Bundeszentrale für Politische Bildung, Internetpublikation 1.5.2015, S. 5.
[280] Leonhard, S. 457.
[281] Heinze, S. 185f.
[282] Leonhard, S. 464.

plex überhaupt nicht mehr. Die Eingliederung der Reste der NVA war damit organisatorisch eine Meisterleistung,[283] die insgesamt zu Recht gefeiert und als „Erfolgsstory" gewertet wird. Darüber hinaus ist die „Armee der Einheit" geradezu zum „Symbol für die Einheit Deutschlands" geworden.[284]

Es bleibt das Schicksal der Nicht-Übernommenen: Auch wenn die Bundeswehr den Ausscheidenden großzügig Berufsförderungsmaßnahmen anbot,[285] hat doch das Ausscheiden der Masse der NVA-Soldaten erhebliche psychologische Narben bei den Betroffenen, ihren Familien und ihrem „Umfeld" hinterlassen. Der Beruf, der ja auch eine Berufung ist, und der Lebensentwurf war gescheitert, die Privilegien für Einkauf, Unterbringung und Urlaub verloren, ein keineswegs nur gefühlter Niedergang von der Spitze der Wert- (und Propaganda-) Pyramide der DDR in eine Not- und Sekundärkarriere und oft genug in die Niedrig-Renten der „Rachegesetze" der Volkskammer - also als Folge des Systemwechsels kein „Dank des Vaterlandes". Dies stellte eine durchaus ernst zu nehmende Belastung der Stimmung zumindest des Umfeldes der Betroffenen und damit des Wiedervereinigungsprozesses dar.

Bei der Dimension des Umbruchs konnte natürlich die Abwicklung der NVA und der Übernahmeprozess nicht ohne Härten geschafft werden. Ein Teil dieser Härten hätte aber von der „Politik" bei gutem Willen gemildert werden können. So sind außer Ideologie und Siegermentalität nur schwer zwingende Gründe zu erkennen, warum nicht eine geschrumpfte und gewendete NVA unter dem „Dach" westdeutscher Führung mit einem Teil ihrer Waffen und Ausrüstung zeitweilig hätte weiterbestehen oder zumindest mehr NVA-Offiziere unter weniger belastenden Bedingungen hätten übernommen werden können, zumal sich das Problem nach wenigen Jahren ohnehin erledigt hätte. Dies gilt allerdings für viele andere, vor allem die staatlichen, privilegierten und „politiknahen", Bereiche der ehemaligen DDR entsprechend, so dass von einer besonderen Härte für ehemalige Berufssoldaten nur quantitativ, d.h. einer besonders niedrigen

---

[283] Heinze, S. 173f.
[284] Digutsch, Integration, S. 182; Schönbohm zitiert nach Heinze, S. 76.
[285] Heinze, S. 90.

Übernahmequote, und nicht als Diskriminierung für diese Berufsgruppe gesprochen werden kann.

Hier ging es natürlich der Vielzahl der NVA-Offiziere, die sich letztlich einen anderen Job suchen mussten, schlechter als ihren zeitversetzten Kameraden im österreichischen Bundesheer, die mit Masse übernommen wurden. Das Gleiche gilt für die - allerdings weitgehend zu Recht - nicht anerkannten Dienstgrade und Karriereprobleme der Übernommenen.

Doch muss auch hier wieder etwas zynisch an die historischen Maßstäbe erinnert werden: Die Untergänge von Staaten und Systemwechsel gehen nun einmal nicht ohne Verlierer und in zahlreichen Revolutionen ist mit dem Establishment des „ancien régime" wesentlich übler verfahren worden!

4. Die Übernahmen 1938 und 1990 - Bewertung und Ausblick

Damit können nun unsere Ausgangsfragen[286] zusammenfassend beantwortet werden:

a) Probleme der staatlichen Zusammenschlüsse

Historisch-politische Ausgangslage

Diese historisch-politische Ausgangslage spielt die entscheidende Rolle, weil sie vorgibt, ob und unter welchen Rahmenbedingungen es zur Übernahme von Staaten kommt. Diese Rahmenbedingungen waren in beiden Fällen grundlegend unterschiedlich.

Die Staatenkonstellation vor 1938 war das Ergebnis der schweren militärischen Niederlage der Mittelmächte - Verträge von Versailles und Saint Germain 1919 - und der daraus resultierenden massiven politischen und gesellschaftlichen Veränderungen mit Sturz der Monarchie und Austausch der Eliten, die die (demokratische) Identifikation Deutschlands und Österreichs sehr belasteten. Durch dies gemeinsame Schicksal, Sprache und die traditionellen Verbindungen war eine auch staatsrechtliche Annäherung beider Staaten „eigentlich" naheliegend, auch wenn seit 1933 eine gewisse Entfremdung (Nazi-Diktatur bzw. „Nationaler Ständestaat", Austrofaschismus) eintrat. Auch befürwortete die Bevölkerung eine Vereinigung, was den „Anschluss" und die Übernahme der Armee sehr erleichterte.

Demgegenüber erfolgte nach 1945 die Teilung Deutschlands in zwei feindliche Staaten, wobei, durch die politische Konstellation wie durch die geographische Lage, beide zu Exponenten, „Speerspitzen" des jeweiligen „Blocks" wurden, was insbesondere für die Armeen, Bundeswehr und NVA, galt. Sofern dies eine Vereinigung viereinhalb Jahrzehnte unmöglich gemacht hatte, setzten sich 1990 Demokratie und der Wille der Bevölkerung gegen Ideologie und Staatsapparat durch, was die Wiedervereinigung erzwang. Problematisch musste sich der Umgang mit der NVA gestalten, die Repräsentant und Machtstütze des alten Regimes war.

---

[286] S.o. 1.

Form und Verfahren der Vereinigung

Die Vereinigung erfolgte 1938 durch politische Erpressung und militärischen Einmarsch, was sich allerdings wegen der grundsätzlichen Zustimmung der Bevölkerung, jedenfalls vordergründig, auf „Anschluss" und Übernahme nicht hindernd auswirkte.

1990 erfolgte der Beitritt der DDR zur Bundesrepublik Deutschland nach freien Wahlen auf Antrag von Volkskammer und Regierung, womit das politische System und die Rechtsordnung der Bundesrepublik auch für die „Neuen Länder" verbindlich wurden.

Armee kein Sonderfall

Bei der Übernahme von Staaten sind alle wesentlichen Bereiche staatlicher Tätigkeit aneinander anzupassen, so z.B. Währung, Wirtschaft und Verkehr, Bildungswesen, Verwaltung und öffentlicher Dienst, Rechts- und Justizorganisation, …um nur einige zu nennen.

Objektiv ist eine Angleichung aller dieser Bereiche erforderlich; das Schicksal der Armee stellt also (nur) einen unter vielen staatlichen Bereichen dar und muss in diesem Kontext gesehen werden.

Lernen von Beispielen?

Das zweite Beispiel des letzten Jahrhunderts, Beitritt der DDR zur Bundesrepublik Deutschland und der Auflösung der NVA wurde von den politischen und militärischen Akteuren (nur) als autonomes und einmaliges Ereignis gesehen. So wurde die Übernahme des österreichischen Bundesheeres nicht als „Studienobjekt" hierfür gesehen oder gar ausgewertet. Trotz der Unterschiede - militärischer Einmarsch 1938 vs. Beitritt als demokratischer Prozess 1990; 1938 großzügige Übernahmemöglichkeiten im Rahmen von Aufrüstung und Kriegsvorbereitung vs. Zwang zu massivem Personalabbau im Rahmen internationaler und nationaler Abrüstung 1990 - gab es zwischen beiden Ereignissen starke strukturelle Parallelen, so dass die Übernahme des Bundesheeres als Referenzmodell für praktische und psychologische Probleme hätte dienen können.

Die Ignorierung liegt wesentlich an der politischen Brisanz: Der Eindruck, dass die Übernahme des Bundesheeres in die Wehrmacht irgendwie „vorbildlich" gewesen sei, war auf jeden Fall zu vermeiden. Es dürften aber psychologische Elemente hinzukommen, von denen noch die Rede sein wird:[287] Es setzt große Souveränität voraus von historischen Beispielen zu lernen, so dass jede Generation „gern" ihre eigenen Fehler macht.

b) Die Armee - zwischen Übernahme und Abwicklung

Sicherheitspolitische Ausgangslage

1938 bestand Verstärkungsbedarf der Wehrmacht infolge Aufrüstung und Kriegsvorbereitung und Personal- und Ressourcenmangel im „Reich". Dies begünstigte die weitgehende Übernahme des Bundesheeres.

1990 bestand durch allgemeine Abrüstung (OSZE, 4+2 - Verträge) bei der (alten) Bundeswehr bereits ein Überhang an Material und Personal. Neben ideologischen Erwägungen machte dies die eventuelle Übernahme von Teilen der NVA auch aus pragmatischen und quantitativen Gründen problematisch.

System und Organisation

In beiden Fällen wurde das militärische System und die Militärorganisation des Übernahmestaates auf das neue Gebiet übertragen („übergestülpt" - Rechtsgrundlagen, Truppengliederung, Führungsgrundsätze, Dienstgrade, Ausbildungssystem, Vorschriften/Richtlinien, …).

1938 gab es offiziell keine Übergangszeit, aber der faktische Zeitbedarf für die Umstellung war einkalkuliert. Die komplette Infrastruktur des Bundesheeres wurde übernommen und ausgebaut.

1990 war eine offizielle Übergangszeit von neun Monaten vorgesehen (Bundeswehrkommando Ost vom 3. Oktober 1990 bis 30. Juni 1991). Die meisten NVA-Einrichtungen und Liegenschaften wurden aufgegeben. Einige neue Einrichtungen (Offiziersschule des Heeres, Militärhistorisches Museum) wurden errichtet, aber mit einem Gesamtumfang von deutlich weniger als dem statistischen Anteil für die Neuen Länder (etwa 22%).

Eine eigenständige Bundeswehrverwaltung (Art. 87 b GG) war neu aufzubauen.

---

[287] S.u. c).

Ausrüstung und Waffen

Um die neue Einheitlichkeit zu betonen wurden in beiden Fällen sofort Uniformen, Stahlhelm und Symbole (Fahnen, Wappen, …) des Übernahmestaates verbindlich; nur Versorgungsengpässe führten vorübergehend zu Improvisationen und Mischformen (Oktober 1990 Bundeswehr- und ehemalige NVA-Soldaten alle einheitlich im Feldanzug NATO-oliv).

Waffen wurden nur wenige übernommen (auch nicht, wenn sie gleichwertig oder besser waren!): 1938 wurde die Masse eingelagert, im Krieg dann allerdings teilweise reaktiviert.

1990 wurden nur übernommen die MiG 29 und der Schützenpanzer BMP 1 (teilweise und „downgesized"), nur wenig konnte ans Ausland abgegeben werden, die Masse von Waffen, Munition und Ausstattung wurde vernichtet/verschrottet.

Offiziell wurde die restriktive Haltung jeweils mit Problemen der Standardisierung, Ausbildung, Logistik und Instandsetzung begründet, doch haben auch unterschiedliche militärische Konzeptionen, aber sicher auch politisch-ideologische und psychologische Motive (in Group - out Group, mangelnde Wertschätzung, „fehlende Lobby", fehlende Sensibilität) mitgewirkt.

1990 war die weltweite starke Abrüstung ein weiterer Grund für die Nicht-Übernahme.

Identität, Tradition, Innere Führung

In beiden Fällen wurde ein Sonderstatus innerhalb der aufnehmenden Armee abgelehnt. Identität mit und Tradition der übernommenen Armee war unerwünscht.

1938 wurde allerdings in wenigen symbolischen Einzelfällen die Tradition der übernommenen und deren Vorgänger-Armee gepflegt.

1990 wurden dagegen, bedingt durch den ideologischen Hintergrund, keinerlei Traditionen und Reminiszenzen der NVA übernommen.

1938 trat trotz Nazi-Ideologie eher eine - teilweise durchaus positiv gesehene - Entpolitisierung ein. Die Übernommenen waren allerdings weniger „Staatsbürger", z.B. Verlust des Wahlrechts und an Stelle von Geist und Stil der österreichischen Armee trat ein härteres „preußisches" System, der Ton und Stil der Wehrmacht.

1990 wurde die Innere Führung nach Bundeswehr-Vorbild uneingeschränkt auf den „Osten" übertragen - staatsbürgerliche Rechte, Freiheit, lockerer Stil, zeitgemäße Menschenführung. Dies führte allerdings auch zu Kritik ehemaliger NVA-Angehöriger (zu weich, Abbau
militärischer Tugenden).
Ebenso erfolgte der Abbau von Indoktrination, Abschottung, über-
zogener Bereitschaft und von Wirtschaftseinsätzen.

Personal

Als Paradigma, welche Bedeutung dem Eid (immer noch) beigemes-
sen wird, wurde in beiden Fällen eine unverzügliche Neuvereidigung
durchgeführt.
(Überstürzt) am 13. März(!) 1938 erfolgte diese auf den „Führer".
Aber auch die Angehörigen der NVA wurden gleich zweimal neu
vereidigt: bereits Juli 1990 nach der Eidesformel der neuen DDR-
Regierung, auch in der Hoffnung, eine teilweise eigenständige NVA
weiterzuführen. Im Zuge der völligen Gleichschaltung erfolgte dann
im Oktober 1990 nochmals eine Vereidigung bzw. das feierliche Gelöbnis nach dem für die Bundeswehr vorgeschriebenen Wortlaut.
In beiden Fällen wurden Wehrpflichtige grundsätzlich übernommen,
1938 unter Verlängerung von 12 auf 24 Monate entsprechend der
Regelung für die Wehrmacht.
1990 erfolgte eine Reduzierung nach Zahl und Dauer entsprechend
den Planungen bzw. Rechtsgrundlagen der Bundeswehr auf 15 bzw.
ab 1. Dezember auf 12 Monate.
Bei der Übernahme von Berufs- und Zeitsoldaten wurden in beiden
Fällen mehrere Hürden festgelegt, die strukturell Parallelen aufweisen:

1. aus „ideologischen" Gründen nicht übernommen:
1938 wurden als ungeeignet definiert alle Eidesverweigerer (126, davon 4 Offiziere), Juden, aktive Gegner des NS-Regimes und des Anschlusses.
1990 wurden pauschal als zu systemnah angesehen: Angehörige
von Stasi/AfS, der sonstigen „bewaffneten Organe", Genera-
le/Admirale (fünf Generale mit zivilem Dienstverhältnis angestellt),
alle Politoffiziere, Offiziere der Grenztruppen sowie nicht übernom-

men Frauen entsprechend den damals für die Bundeswehr geltenden Regelungen.

2. Altersgrenze:

1938 nicht generell, aber im Rahmen des Reformprozesses faktische Herabsetzung durch vorzeitige Pensionierung. Im Krieg wurden dann zahlreiche 1938 Pensionierte reaktiviert.

1990 wurden zunächst alle Berufs- und Zeitsoldaten der NVA, die älter als 55 Jahre waren, entlassen; Ende 1990 wurde die Grenze auf 50 Jahre reduziert. Damit hatten höhere Dienstgrade bzw. Funktionsträger praktisch keine Übernahmechance.

3. **Einstufung** nach „**Eignung**" bzw. politischer „**Belastung**":

In beiden Fällen fand für die, die nicht sofort entlassen worden waren, eine Auswahl bzw. Kategorisierung auf Grund individueller Begutachtung durch eine Kommission statt, die Entscheidung wurde also auf ein kollektives Gremium delegiert.

1938 erfolgte durch die „Muff-Kommission" eine Einteilung in drei Kategorien, die je nach „Belastung" entlassen oder (befristet) weiter verwendet wurden.

1990 wurden Auswahl bzw. Einstufung durch den „Unabhängigen Ausschuss zur Eignungsprüfung" vorgenommen. Zusätzlich erfolgte eine Überprüfung durch die Gauck-Behörde und den MAD. Danach entschied sich die (befristete) Weiterverwendung.

4. **Bedarf:**

1938 bestand generell großer Übernahmebedarf. So hinterließen die entlassenen/ausgeschiedenen Offiziere und Unteroffiziere Lücken, die aus dem Personal der Wehrmacht gefüllt werden mussten.

1990 ergaben sich zusätzlich zu den eigenen Überhängen der Bundeswehr infolge Abrüstung weitere große Überhänge durch Auflösung fast der gesamten NVA.

Das Ergebnis dieser Übernahme-Filter waren in beiden Fällen **Staffeln** nach Dienstgrad und Alter:

So wurden 1938 vom Bundesheer übernommen 44% der Generale, 60% der Obersten und 86% der übrigen Offiziere, insgesamt 1 600 von 2 100, also rund 75%. Damit wurde auch die Masse der Zeit- und Berufssoldaten des Bundesheeres in die Wehrmacht überführt.

1990 wurden dagegen nur übernommen keine Generale/Admirale (5, also 1,7% mit zivilem Dienstverhältnis), 1,3% der Obersten/Kapitänen zur See und 10,5% der sonstigen Offiziere.

Insgesamt wurden damit (nur) 10 800 Berufs- oder Zeitsoldaten der NVA in die Bundeswehr übernommen.

Tatsächliche und gefühlte **Nachteile** der **Übernommenen:**

1938: Einige Dienstgrade und Funktionen wurden niedriger zugeordnet (Gefreite, Zugführer, Wachtmeister) oder ihnen niedriger wertige Funktionen übertragen (Ergänzungsoffiziere, technische Offiziere). Die Stationierung fand jetzt im gesamten Reich statt; Ende 1938 waren weniger als 50% der Österreicher in österreichischen Verbänden. Aber: gesteigerte Chancen und Karrieren, da dringender Bedarf der Wehrmacht durch Aufrüstung, insbesondere in der Luftwaffe. Auch profitierten die Österreicher vom höheren Status und der besseren Besoldung des Militärs im Reich.

1990 erfolgte eine Reduzierung um 1-2 Dienstgrade, zunächst deutlich niedrigere Besoldung verglichen mit den Bundeswehrsoldaten, „Umschulung" auf Bundeswehr und Innere Führung und (zunächst) Verwendung in weniger wichtigen Funktionen. Hinzu kamen geringere Karriereaussichten (gemessen an den Erwartungen und Chancen in der NVA) sowie der Verlust von Privilegien und Sozialprestige. Dem stehen aber ein freierer Dienst, westlicher Lebensstil und höherer Lebensstandard gegenüber; auch wurde die „Wende" im Beruf überstanden.

Bewährung:

Die übernommenen Soldaten bewährten sich uneingeschränkt im Krieg bzw. auf Auslandseinsätzen.

Österreichischen Verbänden mit etwas niedrigerem Kampfwert standen Elitetruppen (Gebirgsjäger) gegenüber.

Bei übernommenen NVA-Soldaten wurde nicht selten weniger Initiative und Souveränität bemängelt.

Schicksal/Status der Nicht-Übernommenen:

1938 waren rassisch und politisch Missliebige Diskriminierung und Verfolgung bis zu KZ-Haft und Mord ausgesetzt. Die Übrigen waren durch die - gekürzten - Pensionen notdürftig abgesichert.

1990 verloren die Entlassenen einen Teil ihrer Bezüge und Sonderanwartschaften. Dies war aber keine Diskriminierung von NVA-Angehörigen, sondern erfolgte analog zur Behandlung der anderen privilegierten Bevölkerungsgruppen. NVA-Dienstgrade - a.D. - und akademische Grade dürfen nicht weitergeführt werden. Im Übrigen blieb die Eingliederung in den allgemeinen Arbeitsmarkt.

c) Bewertung

Beiden Fällen ist gemeinsam, dass es sich nicht um einen Zusammenschluss in etwa gleichberechtigter Partner, sondern um die Übernahme durch eine deutlich stärkere Seite gehandelt hat. Schon daraus folgt eine Dominanz des Übernehmenden. Auch entsteht generell ein Grundsatzproblem unabhängig von der jeweiligen konkreten Konstellation: Es ist leichter und deshalb üblich, das System des größeren Partners beizubehalten und die Verhältnisse des kleineren Partners an die des übernehmenden Größeren anzupassen als umgekehrt - die Akteure des größeren Partners sehen nur schwer ein, warum sie an ihrem System etwas ändern sollten, nur weil ein kleiner Partner hinzu kommt.

Natürlich ist, gerade beim Militär, Einheitlichkeit ein Vorteil. Die aufgezeigte Gleichmacherei in für die Standardisierung unwichtigen Details zeigt aber neben der militärischen „Ratio" auch die Verselbständigung von Technokratie und Bürokratie. So wird auch eine gewisse Überheblichkeit der Übernehmenden deutlich, die die Übernommenen, ihre Leistungen und Fähigkeiten und ihre Ausrüstung nicht angemessen würdigen und sich zu anerkennenden Maßnahmen und Gesten nur ungern herablassen wollen.[288] Hinzu kommt die Ausrichtung der Entscheidungsträger aller Ebenen auf die neuen Machtverhältnisse: Der kleinere Partner hat keine Lobby mehr.

Neben diesen noch irgendwie objektivierbaren Motiven wirken aber bei Übernahmen auch erhebliche subjektive und psychologische Me-

---

[288] Für Übernahme des Bundesheeres Gschaider, S. 306ff, 368ff; ähnliches war auch bereits bei der faktischen Übernahme der Länderarmeen zum Heer des Deutschen Bundes 1867 und zum Deutschen Heer 1871-1914 zu beobachten, als selbst die Länder mit Sonderrechten und eigener Militärverwaltung (Sachsen, Württemberg und Bayern) nach und nach die preußische Bewaffnung und Ausrüstung übernahmen.

chanismen mit - in Group - out Group - Kategorisierung, mangelnde Wertschätzung, fehlende Sensibilität und durchaus auch Siegermentalität.

So besteht oder entsteht ein theoretischer und psychologischer „Überbau": Aufgrund psychologischer Gesetze und menschlicher Schwächen halten die Übernehmenden sich für überlegen, besser, den Maßstab, natürliche Vorgesetzte sowie ihren Erfahrungsbereich für „richtig" - nicht ohne Grund entstand der Begriff „Kolonialoffiziere" - und die zu Übernehmenden, ihre Fertigkeiten und ihre Ausstattung dementsprechend für schlechter und weniger brauchbar („Soldaten zweiter Klasse"). Diese Tendenz ist eindeutig beim „Anschluss" Österreichs und der Übernahme des Bundesheeres durch die Wehrmacht zu beobachten.[289] Dies gilt aber erst Recht bei der Übernahme der Reste der NVA in die Bundeswehr. Hier darf natürlich nicht verkannt werden, dass diese Tendenz durch die ideologische Komponente, die „Altlast" des NVA-Feindbildes und die ideologische „Belastung" der DDR-Offiziere, nicht zu Unrecht nochmals erheblich verstärkt wird.

Hier läge also die „hohe Kunst" bei der Übernahme von Staaten und Armeen. Es geht nicht nur darum, die Integration zu erleichtern, Friktionen zu reduzieren und die Mission zu erfüllen. Noch wichtiger ist es, die Chance zu nutzen, auch selbst vom Übernommenen zu lernen und möglichst großen Gewinn aus der Übernahme zu ziehen. Die Akteure des übernehmenden Staates sollten sich deshalb ihres (unterbewussten?) Überlegenheitsgefühls bewusst werden, echte Integration und Diversity Management betreiben und mit intellektueller, fachlicher und ideologischer Offenheit an die Probleme der Übernahme gehen und die zu Übernehmenden grundsätzlich auf Augenhöhe zu sehen und zu behandeln. Jedenfalls sollte die Dominanz der Übernehmenden in Status und Funktion möglichst gering und unauffällig sein. Im Gegenzug sollten sich die Übernommenen möglichst gleichwertig und gleichberechtigt und für voll genommen fühlen können. Auch zu viel „Schulung" kann hier negativ wirken.

Dieses Leitbild gleichberechtigter Übernahme und Integration wird natürlich durch (übergangsweise) Parallelstrukturen wesentlich er-

---

[289] Gschaider, S.371.

leichtert, weil die Übernommenen so Inseln und Rückzugspositionen für ihr Können, aber auch für ihr Selbstwertgefühl haben. Deshalb sind Parallelstrukturen bei Übernahmen grundsätzlich vorzugswürdig, zumal sie sich nach wenigen Jahren selbst erledigen würden. Jedenfalls sollte möglichst viel Rücksicht auf die Identität, das Selbstbewusstsein, (handwerkliche) Fertigkeiten und die Psyche der Betroffenen genommen werden. Deshalb sollten politisch-psychologische Gesichtspunkte, „Integrationskerne" und „Symbolpolitik", z.B. Übernahme von Generalen, Status und Verwendung der Übernommenen, Anerkennung akademischer (militärwissenschaftlicher!) Grade, Übernahme von Waffen und Ausrüstung, viel stärker gegenüber technokratischen, fiskalischen, administrativen und ideologischen Überlegungen gewichtet werden.

Auch wenn das Problem der Auflösung der NVA und die Übernahme von fast 11 000 ehemaligen NVA-Soldaten in die Bundeswehr als gelöst gilt - „Armee der Einheit" - und in der Geschichte der Bundesrepublik Deutschland sogar als „Erfolgsstory" gewertet wird, hätten sich in Auswertung der Erfahrungen von 1938 sicher noch Fehler und psychologische Probleme vermeiden lassen.

Insofern sind die Erfahrungen der Übernahme des Bundesheeres und der Auflösung der NVA auszuwerten und es müssen und können Lehren hieraus gezogen werden, wenn es - hoffentlich friedlich - auch in Zukunft zu staatlichen Zusammenschlüssen und Übernahmen und Zusammenführungen von Armeen kommt. Nichts Menschliches ist perfekt - durch Auswertung und Lernen aus (historischen) Beispielen kann alles immer noch besser gemacht werden.

5. Literaturverzeichnis

Übernahme des Bundesheeres

Andics, Hellmut, Der Staat, den keiner wollte, Wien 1962. Andics, Hellmut, Der Staat, den keiner wollte, Neue Österreichische Geschichte, Band 3, hier: Taschenbuchausgabe München 1980 (Original Wien-München-Zürich 1968).

Benoist-Méchin, Jacques, Griff über die Grenzen 1938, Geschichte der deutschen Militärmacht, Band 5, Oldenburg 1966.

Eschmann, Wolfgang, März 1938 - eine militärhistorische Betrachtung siebzig Jahre danach, in: Heeresgeschichtliches Museum/Militärhistorisches Institut Wien (Hrsg.), Einmarsch 38. Militärhistorische Aspekte des März 1938, Wien 2008, S. 15-46.

Fritz, Friedrich, Der deutsche Einmarsch in Österreich 1938, Militärhistorische Schriftenreihe, Heft 8, Heeresgeschichtliches Museum/Militärhistorisches Institut (Hrsg.), Wien 1968.

Germann, Richard, Österreicher in der Wehrmacht, in: Militärgeschichte, Zeitschrift für historische Bildung, 2/2015, S. 10-13.

Grimm, Friedrich, Hitlers Deutsche Sendung. Österreich kehrt heim, Berlin 1938.

Gschaider, Peter, Das österreichische Bundesheer 1938 und Überführung in die Deutsche Wehrmacht, unveröffentlichte Dissertation, Wien 1967.

Grell, Heinz, Der österreichische „Anschluss" 1938, Leoni 1987.

Grischany, Thomas R., Der Ostmark treue Alpensöhne. Die Integration der Österreicher in die Großdeutsche Wehrmacht, 1938 - 1945, Göttingen 2015.

Heeresgeschichtliches Museum/Militärhistorisches Institut Wien (Hrsg.), Einmarsch 38. Militärhistorische Aspekte des März 1938, Wien 2008.

Hellbling, Ernst C., Österreichische Verfassungs- und Verwaltungsgeschichte, 2. Aufl., Wien-New York 1974.

Jansa, Alfred (Broucek, Peter, Hrsg.), Ein österreichischer General gegen Hitler, Erinnerungen, Wien/Köln/Weimar 2011.

Kindermann, Gottfried-Karl, Österreich gegen Hitler, Europas erste Abwehrfront, München 2003.

Kleindel, Walter, Urkund dessen...Dokumente zur Geschichte Österreichs, Wien 1984.

Kranz, Herbert, Das Ende des Reiches, Stuttgart 1961.

Ledlicka, Ludwig, Ein Heer im Schatten der Parteien, die militärpolitische Lage Österreichs 1918-1938.

Mau, Hermann/Krausnick, Helmut, Deutsche Geschichte der jüngsten Vergangenheit 1933-1945, hier: Sonderausgabe der Bundeszentrale für Heimatdienst, Bonn (Original Tübingen/Stuttgart 1953).

Neugebauer, Karl-Volker, Vom eigenständigen Machtfaktor zum Instrument Hitlers. Militärgeschichte im „Dritten Reich" 1933 bis 1939, in: Grundkurs deutsche Militärgeschichte, Band 2, München 2007.

Salewski, Michael, Die bewaffnete Macht im Dritten Reich 1933, in: Handbuch zur deutschen Militärgeschichte 1648-1939, Band 4, Abschn. VII, Wehrmacht und Nationalsozialismus 1933-1939, hrsg. Vom Militärhistorischen Forschungsamt, München 1979, S.13-287.

Schausberger, Norbert, Der Griff nach Österreich, Wien-München 1978.

Schmiedl, Erwin A., März 38. Der deutsche Einmarsch in Österreich, Wien 1987.

Schmiedl, Erwin A., Der deutsche Einmarsch in Österreich und die militärischen Aspekte des Anschlusses, in: Heeresgeschichtliches Museum/Militärhistorisches Institut Wien (Hrsg.), Einmarsch 38. Militärhistorische Aspekte des März 1938, Wien 2008.

Stein, Marcel, Österreichische Generale im deutschen Heer 1938 - 1945.

Steinböck, Erwin, Österreichs militärisches Potential im März 1938, Wien 1988.

Wagner, Dieter/Tomkowitz, Gerhard, Ein Volk, ein Reich, ein Führer! Der Anschluß Österreichs 1938, München 1968.

Welz, Joachim, Vom Kontingentsheer zum Deutschen Heer, Veröffentlichung in Vorbereitung (Berlin 2018).

Zehntner, Christian, Heim ins Reich, Der „Anschluß" Österreichs 1938, München 1988.

Auflösung der NVA

Bundesministerium der Verteidigung (Hrsg.), Armee der Einheit 1990 - 2000, Bonn 2000.

Bundesministerium der Verteidigung (Hrsg.), Weißbücher zur Sicherheit der Bundesrepublik Deutschland und zur Lage und Zukunft der Bundeswehr, Bonn 1994, 2006 und 2016.

Carl, Karl-Heinz, Wie die Wiedervereinigung die Hardthöhe erreichte, in: Thoß, Bruno, Vom Kalten Krieg zur deutschen Einheit, Analysen und Zeitzeugenberichte zur deutschen Militärgeschichte 1945 bis 1995, München 1995, S. 453-461.

Clement, Rolf/Jöris, Paul Elmar, 50 Jahre Bundeswehr 1955-2005, Hamburg.Berlin.Bonn 2005.

Digutsch, Gunnar, Personelle Integration der NVA, in: Hulin, Rüdiger (Hrsg.), 50 Jahre Bundeswehr, German Defense Mirror, Bonn 2004, S. 176-183.

Digutsch, Gunnar, Die NVA und die Armee der Einheit, in: Frank Nägler, Die Bundeswehr 1955-2005, Rückblenden, Einsichten, Perspektiven, München 2007, S. 451-476.

Ehlert, Hans (Hrsg.), Armee ohne Zukunft. Das Ende der NVA und die deutsche Einheit, Berlin 2002; darin: Zeitzeugenforum des Militärgeschichtlichen Forschungsamtes 11. - 13. September 2000.

Hartmann, Peter, Probleme der Integration ehemaliger Berufssoldaten der NVA in die Gesellschaft und Bundeswehr, Gedanken zu Ausgangsbedingungen, Stand und Perspektiven, in: Karl-Theodor-Molinari-Stiftung e.V. (Hrsg.), Zwei deutsche Armeen im Kalten Krieg - 15 Jahre Ringen um die Armee der Einheit, Berlin 2006.

Heider, Paul, „Nicht Feind, nicht Gegner, sondern Partner", in: Thoß, Bruno, Vom Kalten Krieg zur deutschen Einheit, Analysen und Zeitzeugenberichte zur deutschen Militärgeschichte 1945 bis 1995, München 1995, S. 419-442.

Heinze, Peter, Bundeswehr „erobert" Deutschlands Osten, Berlin 2010.

Hulin, Rüdiger, 50 Jahre Bundeswehr, German Defense Mirror, Bonn 2005.

Lapp, Peter Joachim, Ein Staat - eine Armee. Von der NVA zur Bundeswehr, Friedrich-Ebert-Stiftung (Hrsg.), Bonn-Bad Godesberg 1992.

Leonhard, Nina, Die Soldaten der NVA und die Armee der Einheit, in: Bremm, Hans Jürgen/Mack, Hans-Hubertus/Rink, Martin, Entschieden für Frieden, 50 Jahre Bundeswehr 1955 bis 2005, Freiburg/Berlin 2005, S. 457-470.

Marx, Stefan, Abwicklung einer Armee, in: Hulin, Rüdiger (Hrsg.), 50 Jahre Bundeswehr, German Defense Mirror, Bonn 2004, S. 184-195.

Pommerin, Reiner, Vom Kalten Krieg zur globalen Konfliktverhütung und Krisenbewältigung - Militärgeschichte zwischen 1990 und 2006, in: Grundkurs deutsche Militärgeschichte, Band 3, München 2008, S. 274-390, insbesondere S. 300-306.

Presse- und Informationsamt der Bundesregierung (Hrsg.), Vertrag zwischen der Bundesrepublik Deutschland und der Deutschen Demokratischen Republik über die Herstellung der Einheit Deutschlands, Einigungsvertrag, Bulletin Nr. 104/S. 877, Bonn 1990.

Scheven, Werner von, Die Bundeswehr und der Aufbau Ost, in: Thoß, Bruno, Vom Kalten Krieg zur deutschen Einheit, Analysen und Zeitzeugenberichte zur deutschen Militärgeschichte 1945 bis 1995, S. 473-503.

Scheven, Werner von, Die Bundeswehr und der Aufbau Ost, in: Bremm, Hans Jürgen/Mack, Hans-Hubertus/Rink, Martin, Entschieden für Frieden, 50 Jahre Bundeswehr 1955 bis 2005, Freiburg/Berlin 2005, S. 441-455.

Schönbohm, Jörg, Die Bundeswehr im deutschen Einigungsprozess 1989/90, in: Thoß, Bruno, Vom Kalten Krieg zur deutschen Einheit, Analysen und Zeitzeugenberichte zur deutschen Militärgeschichte 1945 bis 1995, München 1995, S. 405-418.

Stoltenberg, Gerhard, Sicherheitspolitische Verantwortung während der „friedlichen Revolution" in Ost und West, in: Thoß, Bruno, Vom Kalten Krieg zur deutschen Einheit, Analysen und Zeitzeugenberichte zur deutschen Militärgeschichte 1945 bis 1995, München 1995, S. 447-452.

Zum Autor:

1946 in Remscheid geboren, dort auch 1966 Abitur. Danach Wehrdienst als Z 2 (Pionier), 1968 Leutnant d.R.

Studium von Jura, Wirtschaftswissenschaften und Geschichte an der Universität Tübingen. Stipendiat der Studienstiftung des Deutschen Volkes. Aktiv in der Hochschulselbstverwaltung (Vors. der Studenten in Konzil und Senat).

1972 erstes juristisches Staatsexamen. Referendardienst; parallel Assistent (Öffentliches Recht). 1975 zweites juristisches Staatsexamen.

Zunächst tätig als Richter; 1978 Wechsel ins Wissenschaftsministerium Baden-Württemberg; parallel Promotion im Staatsrecht (Parlamentarische Finanzkontrolle).

1981 Wechsel in die Hochschulverwaltung, jeweils Stellvertreter des Kanzlers der Universität Hohenheim und seit 1988 der Freien Universität Berlin; dort auch zeitweilig „Medizinkanzler".

Nach Wehrübungen und Weiterbildung u.a. an der Führungsakademie G 3 - Stabsoffizier und Oberstleutnant d.R.

1991 Vizepräsident des Bundesgesundheitsamtes und kommissarisch Direktor des Robert Koch-Instituts. Dabei war Herr Welz maßgeblich an der Integration zahlreicher wissenschaftlicher Einrichtungen der ehemaligen DDR und deren Mitarbeiter beteiligt. Nach Auflösung des Bundesgesundheitsamtes 1994 Leiter des „Berliner Dienstsitzes" des Bundesgesundheitsministeriums, zeitweilig Mitglied im „Joined Medical Committee" der NATO.

Im Januar 2000 Wechsel als Abteilungsleiter und Ministerialdirigent in das Kultusministerium Sachsen-Anhalt; von 2007 bis 2011 auch Vorsitzender des Hochschulausschusses der Kultusministerkonferenz.

Nach Pensionierung 2011 Studium von „Military Studies" an der Universität Potsdam mit Abschluss Master of Arts.

Die wissenschaftlichen Schwerpunkte von Herrn Welz liegen im Staatsrecht, später im Hochschulrecht und zuletzt auch in der Militärgeschichte. Dabei gilt sein besonderes Interesse militärischen „Axiomen", die er von der Frühantike bis zur Gegenwart untersucht.

Register

Carola Hartmann Miles-Verlag

Politik, Gesellschaft, Militär

Eberhard Birk, Winfried Heinemann, Sven Lange (Hrsg.), *Tradition für die Bundeswehr. Neue Aspekte einer alten Debatte,* Berlin 2012.

Holger Müller, *Clausewitz' Verständnis von Strategie im Spiegel der Spieltheorie,* Berlin 2012.

Angelika Dörfler-Dierken, *Führung in der Bundeswehr,* Berlin 2013.

Cornelia Fedtke, Kai-Uwe Hellmann, Jan Hörmann, *Migration und Militär. Zur Integration deutscher Soldaten mit Migrationshintergrund in der Bundeswehr,* Berlin 2013.

Torsten Konopka, *Afrikanische Wehrsysteme und ihre Entwicklung zwischen 1990/91 und 2011,* Berlin 2014.

Wolf Graf von Baudissin, *Grundwert Frieden in Politik – Strategie – Führung von Streitkräften,* hrsg. von Claus von Rosen, Berlin 2014.

Wolf Graf von Baudissin, *Der Widerstand. „... um nie wieder in die auswegslose Lage zu geraten... ",* hrsg. von Claus von Rosen, Berlin 2014.

Marcel Bohnert, Lukas J. Reitstetter (Hrsg.), *Armee im Aufbruch. Zur Gedankenwelt junger Offiziere in den Kampftruppen der Bundeswehr,* Berlin 2014.

Arjan Kozica, Kai Prüter, Hannes Wendroth (Hrsg.), *Unternehmen Bundeswehr? Theorie und Praxis (militärischer) Führung,* Berlin 2014.

Angelika Dörfler-Dierken, Robert Kramer, *Innere Führung in Zahlen. Streitkräftebefragung 2013,* Berlin 2014.

Phil C. Langer, Gerhard Kümmel (Hrsg.), *„Wir sind Bundeswehr." Wie viel Vielfalt benötigen/vertragen die Streitkräfte?,* Berlin 2015.

Dirk Freudenberg, *Counterinsurgency. Aufstandsbekämpfung als Phase zur Überwindung schwacher Staatlichkeit und zur Etablierung des Aufbaus einer stabilen Nachkriegsordnung?,* Berlin 2016.

Alois Bach, Walter Sauer (Hrsg.), *Schützen.Retten.Kämpfen. Dienen für Deutschland,* Berlin 2016.

Dirk Freudenberg, Stephan Maninger, *Neue Kriege. Sicherheitspolitische Rahmenbedingungen, Mentalitäten, Strategien, Methoden und Instrumente,* Berlin 2016.

Claas Siano, *Die Luftwaffe und der Starfighter,* Berlin 2016.

Eberhard Birk, Peter Andreas Popp, *Luftwaffenoffizier 21. Das Selbstverständnis des Luftwaffenoffiziers zu Beginn des 21. Jahrhunderts,* Berlin 2016.

Eberhard Birk, Heiner Möllers (Hrsg.), *Luftwaffe und Luftverteidigung,* Berlin 2017.

Alessandro Rappazzo, *Vorsprung durch Leadership. Modernes Leadership in der Armee,* Berlin 2017.

Oliver Schmidt, *Deutsche Außenpolitik und die Zukunft der nuklearen Teilhabe in der NATO,* Berlin 2017.

Wolfgang Peischel (Hrsg.), *Wiener Strategie-Konferenz 2016. Strategie neu denken,* Berlin 2017.

Dirk Freudenberg, *Theorie des Irregulären – Erscheinungen und Abgrenzungen von Partisanen, Guerillas und Terroristen im Modernen Kleinkrieg sowie Entwicklungstendenzen der Reaktion,* Bd. 1-3, Berlin 2017.

Donald Abenheim and Carolyn Halladay, *Soldiers, War, Knowledge and Citizenship: German-American Essays on Civil-Military Relations,* Berlin 2017.

Standpunkte und Orientierungen

Daniel Giese, *Militärische Führung im Internetzeitalter – Die Bedeutung von Strategischer Kommunikation und Social Media für Entscheidungsprozesse, Organisationsstrukturen und Führerausbildung in der Bundeswehr,* Berlin 2014.

Dirk Freudenberg, *Auftragstaktik und Innere Führung. Feststellungen und Anmerkungen zur Frage nach Bedeutung und Verhältnis des inneren Gefüges und der Auftragstaktik unter den Bedingungen des Einsatzes der Deutschen Bundeswehr,* Berlin 2014.

Uwe Hartmann (Hrsg.), *Lernen von Afghanistan. Innovative Mittel und Wege für Auslandseinsätze,* Berlin 2015.

Fouzieh Melanie Alamir, *Vernetzte Sicherheit – Quo Vadis?,* Berlin 2015.

Hartwig von Schubert, *Integrative Militärethik. Ethische Urteilsbildung in der militärischen Führung,* Berlin 2015.

Uwe Hartmann, *Hybrider Krieg als neue Bedrohung von Freiheit und Frieden. Zur Relevanz der Inneren Führung in Politik, Gesellschaft und Streitkräften,* Berlin 2015.

Klaus Beckmann, *Treue.Bürgermut.Ungehorsam. Anstöße zur Führungskultur und zum beruflichen Selbstverständnis in der Bundeswehr,* Berlin 2015.

Florian Beerenkämper, Marcel Bohnert, Anja Buresch, Sandra Matuszewski, *Der innerafghanische Friedens- und Aussöhnungsprozess,* Berlin 2016.

Martin Sebaldt, *Nicht abwehrbereit. Die Kardinalprobleme der deutschen Streitkräfte, der Offenbarungseid des Weißbuchs und die Wege aus der Gefahr,* Berlin 2017.

Christian J. Grothaus, *Der "hybride Krieg" vor dem Hintergrund der kollektiven Gedächtnisse Estlands, Lettlands und Litauens,* Berlin 2017.

Militärgeschichte

Peter Heinze, *Bundeswehr „erobert" Deutschlands Osten,* Berlin 2010.

Dieter E. Kilian, *Adenauers vergessener Retter – Major Fritz Schliebusch,* Berlin 2011.

Ingo Pfeiffer, *Gegner wider Willen. Konfrontation von Volksmarine und Bundesmarine auf See,* Berlin 2012.

Ingo Pfeiffer, *Seestreitkräfte der DDR. Abriss 1950 bis 1990,* Berlin 2014

Dieter E. Kilian, *Kai-Uwe von Hassel und seine Familie. Zwischen Ostsee und Ostafrika. Militär-biographisches Mosaik,* Berlin 2013.

Peter Heinze, *Berliner Militärgeschichten,* Berlin 2013.

Ingo Pfeiffer, *Seestreitkräfte der DDR. Abriss 1950–1990,* Berlin 2014.

Ulrich C. Kleyser, *Lazare Carnot. "Le Grand Carnot". Ein Charakterbild,* Berlin 2016.

Eberhard Kliem, Kathrin Orth, *"Wir wurden wie blödsinnig vom Feind beschossen". Menschen und Schiffe in der Skagerrakschlacht 1916,* Berlin 2016.

Eberhard Birk, *"Auf Euch ruht das Heil meines theuern Württemberg!". Das Gefecht bei Tauberbischofsheim am 24. Juli 1866 im Spiegel der württembergischen Heeresgeschichte des 19. Jahrhunderts,* Berlin 2016.

Eckhard Lisec, *Der Unabhängigkeitskrieg und die Gründung der Türkei 1919–1923,* Berlin 2016.

Hans Frank, Norbert Rath, *Kommodore Rudolf Petersen. Führer der Schnellboote 1942–1945. Ein Leben in Licht und Schatten unteilbarer Verantwortung,* Berlin 2016.

Ingo Pfeiffer, *Heinz Neukirchen. Marinekarriere an wechselnden Fronten,* Berlin 2017.

www.miles-verlag.jimdo.com